岡上貞夫

90を切るゴルフの名言33

GS
幻冬舎新書
618

はじめに
ゴルフでは自分が歳だと思った瞬間、すべてがダメになる。

――夏坂健

「名言を読むだけでゴルフがうまくなるはずがない」

そう思う方もいるだろう。しかし本を読むことでインスピレーションを得て、スコアがよくなるということを私は何度も経験してきた。夏坂健さんは私がもっとも好きなゴルフ・エッセイストだが、夏坂さんや伝説のアマチュアゴルファー・中部銀次郎さんの著書などによって、私自身のゴルフレベルは前期高齢者となったいまも維持されているといっていい。

たしかに、普通に遊び半分でやっているゴルファーにとって、技術面の向上を求めるのはなかなかに難しい。結局、それ相応の練習量や筋力トレーニングが必要だからだ。練習せずにトップアマレベルのスクラッチプレーヤーになれるなんていうことは、絶対にない。

しかし、ある程度（ボギー・プレーヤー程度）の技術レベルに達したならば、そこからシングル・ハンディになるぐらいは、技術以外の部分のレベルアップで可能なのだ。

それには、筋力アップトレーニングも科学的スウィング矯正も必要ない。ただ、プレーに対する考え方や向き合い方を変えるだけでいい。歳のせいにしてあきらめ、老け込む必要はなく、むしろ、定年退職して自由な時間が増える年代こそ、上達するチャンスの時期だといえるのだ。

中年になり、高齢になったとしても、実はゴルフが上達しやすくなる要素がある。筋力の低下だ。筋力が落ちるのに何がいいのだと思うかもしれないが、筋力が低下すると飛ばなくなる一方、曲がらなくなるので、スコアはむしろ向上するのだ。

利き腕の力が強い若い頃は、アベレージゴルファーは激しくスライスし、上級者は危険なフックが出る。これがスコアを乱す原因になっているのだが、高齢になり腕力が落ちると、自然とひっぱたくことができなくなり、打つことをやめてスウィングするようになる。

女子プロがスライスしないのは、男子と比べて腕力が弱く、体全体を使ってスウィングしているからだともいわれている。男性も高齢になって筋力が衰えると、同様にスライスしなくなり、ショットがよくなるわけだ。一発の長打は期待できなくなるが、安定した曲がらないショットは大いに期待できるようになるのである。

ジャック・ニクラスやサム・スニードらが「**スコアの70～80％は１００ヤード以内から打たれている**」と言うように、ゴルフというゲームは、その大半がショートゲームだ。

このショートゲームに、中高年の強くない筋力はとても向いている。短いショットは、力を抜いてゆっくりスウィングすることがいい結果をもたらすからだ。

高齢になると柔軟性も落ち、体が硬くなる。これもマイナス要素と思われがちだが、実はスコア的にはいいことなのだ。若い頃は柔軟性が高いので、ほとんどのプレーヤーがスウェーしたり、大きすぎるトップからスウィングしたりしている。これでは、タイミングが合えば飛ぶが、曲がることも多い。

ところが、高齢になると柔軟性が低くなり、若者のような大きなトップまで体が回せなくなる。すると必然的に、軸がブレないコンパクトなトップとなるから、これまたショットが安定してくるのだ。

さらに、長年にわたってゴルフをやってきた高齢ゴルファーには、経験の蓄積がある。この経験が生きるのは、とくにメンタルの分野だ。

中部銀次郎さんが「**心が8割、技術は2割**」と言ったように、ゴルフは大半が心のゲームでもある。年齢を重ねると、この「8割」の部分で経験が生きてくる。もっとも顕著なのが、「セルフ・ダウト」に対する心の持ちようだろう。セルフ・ダウトとは、自分自身を否定する悪魔のささやきのことだ。

ゴルフではさまざまなセルフ・ダウトが脳裏にささやかれる。若いときには、その自己不信の声につられて、悪魔の導くとおりにミスショットをしてしまうものだ。

しかし、否応なしに自分のゴルフレベルが見えてくる年代になると、この忌まわしい悪魔のささやきをなだめる方法を覚えて、自分で自分を縛りつけてしまわないよう柔らかくやりすごせるようになるのだ。

それでも、中高年にとって最後に残る難敵がいる。それは意欲だ。

長きにわたり長老支配社会が続き、まじめにコツコツやってさえいればいつかは報われる、誠実にしていればいずれは相手もわかってくれる、というお花畑思想のわが国では、高齢になったら必要以上に年寄りぶって意欲を抑えてしまう傾向がある。

しかし、考え方を変えてみれば前述のように、これまで高齢になることでネガティブに考えてきたことが、ポジティブな要素と裏腹であることも多いのがゴルフなのだ。上達しようという意欲を高齢だからと抑え込んでしまうのは、とてももったいない。高齢化社会のいまこそ、元気な高齢ゴルファーが意気盛んにコースを闊歩すべきではないだろうか。

歴史に名を残す選手がひしめいていたゴルフの聖地、セント・アンドリューズのクラブ選手権で、**「ゴルフは人生第二の伴侶」**という名言で有名なウィリアム・シンクレアが初優勝したのは64歳のときだ。このあと、66歳と68歳でも優勝しているので、フロックではない。しかも、シニアの選手権ではなくレギュラー年齢のゴルファーに交じっての勝利であるところが心を熱くさせてくれる。

「意欲が残っていれば、ゴルフはいつまでたっても歳をとらないものだ」と、夏坂さんはこのエピソードの紹介を締めくくっている。

ゴルフ仲間とのご縁から、ｗｅｂメディア「幻冬舎ｐｌｕｓ」で「ゴルフは名言でうまくなる」という連載をスタートしたのが２０１７年５月。幸い、予想外に多くの方々から読まれ、２年後の２０１９年５月には同タイトルの本を出版することもできた。

否定的なご意見もあったが、役に立った、不調が直った、ベストスコアが出た、またゴルフが面白くなったというポジティブな感想も多くいただいた。そんな声に背中を押され、連載は現在も書き続けている。１冊目からまた2年が経過し、今回再び本を出版できることとなった。

本書を読んで、とくに中高年を迎えつつあるゴルファーが、意欲を失わず、あるいは意欲を取り戻して、さらに上質なゴルフを目指すことを後押しできたならば、甚だ嬉しい限りである。

２０２１年5月

岡上貞夫

90を切るゴルフの名言33／目次

第2章 ティーイングエリアで 65

図版・DTP　美創

第1章
練習場で／ラウンド前に

01 やっぱり、ゴルフは素振りに尽きる。

――ジョン・ボール

素振り1時間、ボールを打つのは30分

彼のあとに大活躍したボビー・ジョーンズの印象が強烈すぎるせいか、ジョン・ボールの名前はゴルフ史にあくまでひっそりと刻まれている。内気ではにかみ屋だった彼にしてみれば、地味に扱われることは望みどおりだったのかもしれない。

それでも英国人にとってジョンは、抜群の好感度とともに知られる偉大なアマチュアゴルファーだ。その戦績はというと、全英アマで8回優勝。最後のタイトルはなんと50歳のときだった。さらにアイリッシュ・アマチュア・オープン3回、セント・ジョージズ・チャレンジ・カップ4回優勝とすばらしい。

とくに1890年の全英オープンは、過去29回行われてきた同大会の勝者がすべてスコットランド人だったなか、歴史上初めてイングランド人として優勝し、国民的英雄となった。

さて、ジョン・ボールがゴルフに出会ったのは8歳のとき。大人のプレーを間近に見る機会があって、たちまちこのかすかな狂気をはらむゲームに異常な関心を持ってしまった。

その日以後、素振りを1時間、実際にボールを打つのは20～30分という、かなりの忍耐力を必要とする練習を休まず繰り返したという。

子どもは自分が好きと思い込んだことには、大人があきれるようなことでも根気強く取り組むものだが、ジョンにとってそれは素振りの練習だったようだ。

「ボールを置くと、打つことばかりに熱中して肝心のスウィングがわからなくなる。スウィングさえ正しければ必ずいい結果が得られるのがゴルフ。ボールは素振りの仕上げに少しだけ打てばいい」――“The Complete Golf”がジョンの信念だった。

はにかみ屋のジョンは、素振りでいい感触を得たとき、実際にボールを打ってどのような球筋が出るのかをオタクのように研究していたと思われる。

あるとき、素振りでひらめくものがあって、それまでのクローズドスタンスを大胆に変えてみた。

当時はリンクスの強い風を避け、ランで距離を稼ぐのが常識の時代。クローズドスタンスでフラットなスウィングプレーン、球筋は低いフックボールが主流だった。ところがジョンはそのまったくの逆、オープンスタンスでアップライトなスウィングを試してみたのだ。

すると素振りで得た感触のとおり、高い弾道のショットを打つことができた。それまでのゴルフとはまったく違う、ピンをデッドに攻める攻撃的なゴルフで成績を上げたのだ。アップライト・スウィングといえば、ジャック・ニクラス、ジョニー・ミラー、トム・ワトソンなどが有名だが、いまから100年以上も前にジョン・ボールが体現していたとは驚きだ。

素振りができる場所は意外と少ない

1900年、ジョンは義勇兵として南アフリカ戦線に動員された。幸い上官も部隊も全員ゴルフ好きだったことから、ジョンは戦場でも素振りを日課として続けていた。**「塹壕の裏であれ、ジャングルの中であれ、ゴルフと神はいつも私とともにあった」**と述懐している。戦場でも素振りを続けたジョンの腕前は、帰還してからも落ちることはなかった。

そしてこの時期、ゴルフ界はボールの大革命が起きていた。アメリカで開発されたハスケルボール（ゴムの糸巻きボール）だ。これは従来のガッタパーチャボールに比べ、よく飛ぶうえに気まぐれな曲がりがない。高い弾道を駆使するジョン・ボールにはうってつけ、ピンの根元に落としてピタリと止まるのだ。

帰還して間もないうちに全英アマで３勝した大きな要因は、素振りとハスケルボールであったことは疑いないだろう。

さて、ジョン・ボールの言葉「やっぱり、ゴルフは素振りに尽きる」の続きはこうだ。**「根気よく素振りさえ繰り返していれば、誰でも優秀な腕前になれる」**――一般アベレージゴルファーも、もっと素振りをすれば１００の壁、90の壁、80の壁を超えられると私も思う。

しかし、現実にはなかなか素振りをするのは難しいのかもしれない。一戸建てに住んでいる人なら庭でできそうなものだが、クラブを振ると風切り音がヒュンヒュンとうるさくて、ご近所迷惑になるかもしれないと心配になる。

マンションなどではそういうスペースすらないことも多いし、近くの公園なども「野球・ゴルフ・サッカー禁止」などと看板が出ていたりしてはばかられる。長い棒を振り回すゴルフの素振りは、周囲に人がいては危険でとてもできない。素振りができる時間と場所を探すのは意外にも、とくに首都圏では困難なのだ。

夜や早朝の時間帯ならば、子どもや子連れの家族がいない広場や公園の片隅でなんとかできるかもしれない。近くにそういうスペースがあればラッキーだといえよう。

いいスウィングは歳をとらない

では、素振りをする場所がない場合はどうするか？　ゴルフショップには、通常の半分ぐらいの長さの練習用7番アイアンが売っている。これを部屋で、肩から肩までのスリークォータースウィングで素振り練習するのがおすすめだ。筋力トレーニングとしてはあまり期待できないが、それでもスウィングをよくする効果は大きいと思う。

家の中での素振りも家族に白い目で見られる……となれば、やはり練習場に行くしかない。練習場なら誰に文句を言われることもなく、心置きなく素振りができるだろう。入場料もとられるしボール代もかかるのだから、せっかく練習場に行くなら有効に活用したいものだ。

いずれにせよ、いきなりボールを打ち始めるのではなく、まずは素振りから始めることをおすすめしたい。ジョン・ボールのように、素振りを十分にやって、実際にボールを打つのは確認のための少しだけにするのだ。

飛距離を伸ばすためには、素振り用に重さのある長いクラブを使ったり、練習器具のバット風クラブを使うと効果的だ。連続スウィング20回を1セットとし、無理のない範囲で何セットかやるといいと思う。最初は2セット40回ぐらいから始め、慣れてきたら3セット、4セットと増やしていけばいいだろう。

1回ごとにアドレスから素振りするのもいいが、それだと時間がかかりすぎて根気がいるものだ。連続素振りのほうが、スムーズに振ることが可能な「自分にとって気持ちのいいプレーン」が把握しやすいと思う。

重くて長いクラブで素振りすると、自然に効率的なスウィングが身につくし、必要なだけの筋力もついてくる。一石二鳥なのだ。

ただ、ゴルフ用のグリップで重いものを何度も振り回すと、左手の親指などを痛めやすいので注意が必要だ。筋力を鍛えたり、スウィングプレーンを確認する連続素振りでは、野球握りのグリップ（左親指をシャフトに乗せず、バットのようにパームで握る）で素振りをしたほうが怪我の防止になる。

素振りをしっかり行ってから、実際にうまく打てるかを確認するためにボールを打ってみる。その結果次第で、また素振りでいい感触を確かめる。これを繰り返せば、打つボールの数は少なくても効果が大きい練習になること間違いない。練習ボール代も節約できて効果も大きいのだから、試してみて損はないと思う。

60歳まで現役で活躍できた秘訣を記者に問われたジョン・ボールは、例によってはにかみながら次のように答えている。

「**どうしたらいつも正確なショットを得られるのか、頭で考えても答えは出ないものだ。そこで、素振りを繰り返して、いい感じをつかんだら、それをコースで再現するだけ。いいスウィングというのは、歳をとらないものだよ**」

私のような前期高齢者にとっては、とても示唆のある言葉だと感じている。

02

職人の腕はその道具でわかり、ゴルファーの腕はそのクラブでわかる。

——エドワード・レイ

クラブの本数はどのように決まっていったのか？

人類史上最初のプロゴルファーは、生涯不敗の伝説を持つスコットランドはプレストウィックのアラン・ロバートソンだといわれている。

彼は、対戦相手に自分が使えるクラブの本数を制限させることで、ハンディを与えていた。ところが誰も勝てなかったので、ついには1本のクラブだけで3人のシングル・ハンディ・プレーヤーと対戦することになった。それでも、数ホールを残して楽勝だったという。

そのロバートソンが1859年に亡くなり、後任の所属プロを選出するために試合が開催されたのが１８６０年。これが全英オープンの始まりなのだそうだ。

　エドワード・レイ、通称テッド・レイは、１９１２年の全英オープンと１９２０年の全米オープンで優勝。巨漢で、イギリス随一のロング・ヒッターとしても知られた。

　当時はいまのようなセットクラブはなく、ゴルファーは自分の好みで１本ずつ寄せ集めてワンセットにしていた。キャディバッグの中をのぞけば、集めたクラブのバランスや使い込まれた様子などで、持ち主の腕前はおおむね想像できたのだろう。たいてい７～８本の寄せ集めクラブが入り、そんな本数で十分に全英オープンを戦えたのだ。

　その証拠に、オーバーラッピンググリップの始祖、ハリー・バードンは７本のセットで全英オープンで６回も優勝している。

　その後、アメリカでスチールシャフトが導入されるや、あらゆる種類のクラブが製造され、キャディバッグの中は大混雑になっていった。

　ロバートソンとは対照的に、全英アマに出場したＡ・ジラードという選手は、リヤカーに樽をのせ、なんと55本ものクラブをキャディに運ばせたと伝えられている。

　これにはキャディも「18ホール体力がもたない」と悲鳴を上げ、ついにＲ＆Ａもクラブの本数制限に乗り出したのだ。

クラブは1ダース（12本）まで、これにパターを加えて全部で13本と全員一致で決定された。しかし、ある委員が「**ゴルファーほど縁起を担ぐ人種はいません。そういう連中に向かって不吉な13本にしろとは、私にはとても言えません**」と述べて再議論となり、1本プラスして14本に落ち着いた。

欧米では、「13」が不吉だという考えは相当根強いらしい。これが、現代にも生き続けている14の本数制限が決まったいきさつである。

ことの真相というのは、案外、他愛もないような理由だったりするものである。

キャディバッグをのぞけば、どんなゴルファーか見えてくる

さて、このような歴史に鑑みるに、日本のアベレージゴルファーのキャディバッグの中身は、いかがなものだろうか。

やはり、それぞれのゴルファーの腕前が表れるもの……と私は思う。

たとえば、ドライバー・FW・UT・アイアンすべてが同じメーカーの同じモデルというゴルファーがいる。これは、統一されたバランスのクラブでセッティングされているので、ある意味理論的に正しい。ただ、ゴルフショップの店員さんの言いなりになって、あ

まり考えていないとも読める。

逆に、ドライバーはＡ社、ＦＷはＢ社、ＵＴはＣ社、アイアンはＤ社だがウェッジだけはＥ社のクラブ、というゴルファーもいる。これは相当なこだわり派といえるだろう。クラブに対してかなり研究熱心なタイプのセッティングだ。

どちらのタイプも、ルールで許されている14本をフルに入れていることが多いようだ。クラブで調整ができるならば、できるだけ多くのクラブをキャディバッグに入れて仕事をしてもらおうという考えからだろう。

しかしよく見てみると、使用感のあるクラブと「ほとんど使われていないのではないか？」と思われるほど綺麗なままのクラブが混在している。

これは、「せっかくセットで買ったのだから、キャディバッグに入れておきたい」という心理なのだろうか。実戦では使う機会がほとんどない、あるいは難しくてミスばかりするので使えないクラブも入っているのだ。

10本あれば十分。ロングアイアン、スプーンから抜いていこう

アベレージゴルファーにとって使うことが少ない、あるいは技量的に使いこなせないク

ラブといえば、ロングアイアンとスプーンではないだろうか。

最近のスプーンは、ひと昔前のドライバーと同じぐらいの長さがある。これをダウンブロー気味に振るのはなかなかに難しく、ボールが上がらないといったミスが多くなる。

それならば、ミスの少ない5番ウッド（クリーク）やユーティリティのほうが結果はいいから、スプーンはキャディバッグの中で眠ることになる。

一方、アイアンセットも昔は3番アイアンからが主流だったが、ユーティリティの登場もあって、近年販売されているセットは5番からのものが多い。

ところが最近の5番アイアンは、ひと昔前の4番アイアンのロフト角に近くなっている。そのため、きちんとダウンブローでスウィングできるゴルファーでないとうまく打てないのだ。「5番は林からゴロで出すためだけに入れている」という人がいるぐらいだ。

また、たまにしか使用しないクラブを選択すると、慣れていないから心理的に不安になり、ミスショットを招きやすい。

以上のことから、使用頻度の少ないクラブは、いっそのこと抜いてしまってはどうだろうか。ハリー・バードンのように7本とはいわないまでも、10〜11本もあればたいがいのゴルファーは十分にこと足りると思う。

たとえば、1W・5W・UT4・6I〜9I・PW・AW・SW・パターで11本。場合によっては6番アイアンも昔の5番アイアンに近いことからミスしやすいので、これも抜いてしまえば10本で済む。

実際にラウンドしてみればわかるが、アベレージゴルファーはもちろん、シングルプレーヤーでもほとんど支障なくラウンドできるものだ。むしろ迷いが減少して、スコアがよくなることさえあるだろう。

少ない本数を超軽量タイプのキャディバッグに入れて持ち歩けば、電車とクラブバスでコースに行くときなど、軽いので宅配便で送らずに済む。

昨今は往復の宅配便もけっこうなお値段なので、この経費削減を3回やれば、1回分のプレー費に回せるぐらいになるだろう。そう考えるとバカにならない。

これを機会に、見栄を張って14本をキャディバッグに入れてプレーするのを考え直してみてはいかがだろうか？

03 目をつぶって打っていたので、わかりませんでした。

――石川遼

左腕が自然に伸び、正確にインパクトできる

ゴルフ仙人ことハーヴィー・ペニックは、とにかく自然体のレッスンをしたことで有名だ。

ペニックは「初めてクラブを持った子どもは、どういうふうにクラブを握ってボールを打つのか」を観察し、その結果、多くは本能的にクロスハンド（右利きなら左手が下になるグリップ）でスウィングすることがわかったと次のように述べている。

「初めてゴルフクラブを手にしてスウィングするとき、たいていの子どもはクロスハンドでグリップする」

なぜ、普通の大人たちのように「右手が下」のグリップをしないのだろうか？　ペニックはこれを、**「左腕が伸びたスウィングは、正確にボールをヒットできると子どもたちが本能的に感じているからではないか」**と分析している。

子どもたちは、飛ばそうとするよりも、まずしっかり芯に当てたいと考えるようで、そのためには左腕が伸びたスウィングのほうがいいと感じるようだ。

クロスハンドでグリップすると、左腕は自然に伸びて曲がらず、ゆるみようがない。とくにチップショットのような小さなスウィングでは、このほうが正確にインパクトできると、子どもたちは感性でわかっているのだ。とくにパッティングやアプローチショットでは、ほとんどの子どもたちがクロスハンドグリップから入るということにペニックは気づいたようだ。

アメリカやヨーロッパでは、子どもたちがゴルフを始めるとき、まずパターを与えられて1～2mのパッティングをして、ホールにカップインさせるところからスタートする。このとき、何もアドバイスせずに自由にやらせると、ほとんどクロスハンドグリップで握るのだろう。

やがてロングパットをマスターすると、7番アイアンのようなチップショットに使うクラブを与えられる。少しキャリーが出るようにはなるものの、パッティングの延長でスウィングするから、ここでもクロスハンドのままだ。

そのままウェッジのアプローチショット、アイアンのフルショット、フェアウェイウッド、ドライバーへと進んでいくが、そのままクロスハンドで続ける子どももいるようだ。

しかし、多くの場合、クロスハンドでは正確にヒットできても飛距離は出ないと気づくことになる。そこで、さらなる向上を目指して、ノーマルなグリップで練習するようになるのだそうだ。

こうして育った子どもたちは、パッティングやアプローチだけは相変わらずクロスハンドで行うことも多く、そしてすばらしくショートゲームがうまいという。ペニックは「**私は、子どもたちにゴルフを教えようとはしない。助言を求められたら手助けするだけだ**」と言い、型にはめるようなレッスンはしなかった。

もともとペニックは大人のゴルファーに対してさえ、「**あなたには、あなたのスウィングがある**」と言って、自然体のスウィングをするようにすすめているぐらいだ。子どもには、なおさらそうだったのだろう。

100ヤード以内のアプローチとパットに差が出る

さて、子どもたちのクロスハンドグリップがショートゲームに有効であることは、大人になってゴルフを始めたゴルファーにとっても、感性を呼び起こさせる効果があるかもしれない。

大人になってから、会社の付き合いなどでゴルフを始めた人も多いだろう。まずはレッスン書を読んだり、練習場でスクールに入ったりしてスウィングの基本を学ぶことになる。もちろん、見よう見まねの自己流（独学）で練習する人もいるだろう。

いずれにせよ、クロスハンドでグリップすることなどなく、知識で覚えたノーマルなオーバーラッピンググリップか、インターロッキンググリップ、あるいはベースボールグリップなどで始めるはずだ。

そうして、そのままある程度のレベルまでは上達し、80台が出るようになる人もいれば、いつまでも100を切れない人もいる……ということになる。

このとき、90を切れるプレーヤーと、100を切れそうで切れないプレーヤーのショット力に、さほどの違いはない。それよりも、100ヤード以内に入ってからのアプローチショットとパッティングの巧拙に差が出るのではないかと思う。

サム・スニードは「**ゴルフのスコアの60%は、ピンから１２５ヤード以内で打たれたものである**」と言い、ジャック・ニクラスも「**スコアの70%は１２０ヤード以内から打たれるのだから、アプローチとパットを重点的に練習すべきだ**」と口を揃える。中部銀次郎さんも青木功プロも、スコアをよくするにはアプローチとパットが大事だと言っている。古今東西の名手が、この点では異論なく一致しているのだ。

逆に言えば、アベレージゴルファーのほとんどはここで失敗しているから、１００を切れない、90を切れない、80を切れないでいる。さらに、70台でまわるシングルプレーヤーも、このショートゲームの差が5下シングル、スクラッチプレーヤーとの差になるのだ。

石川プロの「ボールを見ないで打つ」練習

そこで、クロスハンドグリップの効能について考えてみたい。子どもが自然に行うこのグリップは、本能を呼び覚まし、天性の勘を引き出す効果があるのではないかと思うのだ。とくに、ショートゲームでイップスのような症状に見舞われたプレーヤーには、クロスハンドでのパッティングやアプローチショットを試してもらいたい。左腕が伸びるのでゆるみが生じず、ダフったりトップしたりするミスが減少し、高い確率でヒットできることを感じられるはずだ。

ただし、クロスハンドグリップでは、強くヒットすることは難しい。せいぜいハーフショットぐらいまでの小さなスウィングに効果があるといえるだろう。一般的には、ピンまで50ヤード程度の距離が限界ではないかと思う。

ペニックが見た3歳の子どもは、クロスハンドでショットする天才だった。なにしろボールを見ず、目標としているピンを見たまま打ってしまい、それでいてほとんどミスをしないのだ。

「ボールをよく見て打ちなさい」と父親が言っても、本人はボールが飛んでいくさまを見ろと言われたと思って、ピンのほうを見てしまうのだ。

テニスや野球でも、ボールをインパクトする瞬間はあまりボールを見ていないが、それでもラケットの真ん中、バットの芯に当てる能力が人間にはある。

ペニックは、**「バスケットボールのフリースローでは、リングを見ていて誰もボールなど見ていないではないか。チップやパットの練習をするとき、ボールを見ず、カップに目を向けたままストロークすることは、距離感などタッチの感性を磨くには抜群の方法だ」**とも言っている。

石川遼プロがアメリカツアーに行く前、練習場を取材した記者がいた。石川プロに気づかれないようにそっと見ていたのだが、ドライバーで打たれたボールは毎回同じ弾道で飛んでいて感心したという。

ドライバーを置いた石川プロに「安定した弾道ですね」と記者が言うと、「**目をつぶって打っていたのでわかりませんでしたが、安定していましたか？**」と答えたという。

アベレージゴルファーにはとても無理な話だが、パッティングや小さなチップショットならば、ボールを見ず、目標を見たまま打つ練習ができないこともないだろう。

クロスハンドグリップで、かつボールを見ずに目標を見たまま打ってみれば、何かのひらめきを感じることができるかもしれない。それは技術というよりも、感性を磨く練習になるはずだ。

04

練習ではターゲットを決めて、1球1球に意味を持たせて打つんだ。

——タイガー・ウッズ

ショット練習では「欠点を矯正する」という意志が必要

ベン・ホーガンは１９５３年、スコットランド・カーヌスティで開催された全英オープンで優勝した。しかし飛行機嫌いのため、ディフェンディング・チャンピオンである翌年はエントリーせず、これが唯一の全英オープン出場となった。

全英オープンには１回だけしか出ないと決めていたのだろうか、ホーガンの勝利に対する準備はかなり周到だったようだ。コースのレイアウトを調べ上げ、各ホールのベストルートを見つけ出し、正確にそのポジションに打っていくホーガンを、スコットランドのギャラリーは“Wee Ice Mon”（小さな氷の男）と呼んで驚嘆した。

イギリスのコース設計家の権威トマス・シンプソンは、「**コースの攻め方がプレーヤーにたやすく見抜かれるようでは、真に偉大なコースとはいえない。すぐれたコースほど目的を隠蔽するからだ**」という言葉を残している。

カーヌスティのレイアウトは迷路のように複雑なので、そう簡単に攻略ルートを見つけられるはずがない。ところが、ホーガンはそれをやってのけたのだ。

それを見ていたイギリスのゴルフ評論家、ジェフリー・カズンズは、「**ベン・ホーガンのもっともすぐれた点は、ひとつひとつのショットを次のショットのための好適な位置に飛ばすことである。コースを読む能力は彼の最大の財産だ**」と評している。

そのカズンズは、ゴルフの効率的な練習方法について次のように述べている。

「**新鮮で十分に思慮とコンセントレーションを持った1時間の練習は、疲労したときの練習の10倍も効果がある**」

１９２２年に出版されたレズリー・ショーンの著書 *The Psychology of Golf* には、「**およそ世に、自分の致命的な欠陥にも気づかずに、また他の助言も入れないで、ただひとり練習に熱中しているゴルファーほどあわれなものはない**」と書かれている。このように、あまり効果の出ない練習をしている一般ゴルファーは案外多いのではないだろうか。

ゴルフ練習場へ行ってみると、ボールを置いては打ち、また置いては打ちとただただ機械的に打ちまくっている人をよく見かける。たしかに、初心者のうちはとにかく打って、ゴルフスウィングそのものに慣れる必要があるだろう。

しかし、ある程度打てるようになっても、そのまま何も考えずひたすら打ちまくる練習で上達しようとしているプレーヤーは、レズリー・ショーンの言葉を借りれば「あわれ」なのかもしれない。

「われわれは、誰も到達できない完全な技術を求めて一生懸命に練習努力している。それはあたかも、ドッグ・レースで決してとらえられないウサギの模型の獲物を追って走る犬とよく似ている。だが、これこそがゴルフをこのうえもなく魅力的にしているのだ」（トニー・レマ）

トニー・レマは、１９６４年のセント・アンドリューズでの全英オープンで、練習ラウンドを1ラウンドしかせず、ジャック・ニクラスに5打差をつけて優勝した。彼はゴルフの練習をドッグ・レースにたとえて、練習してもうまくならないもどかしさを語っている。

プロのレマがいろいろ考えて練習しているにもかかわらずそうなのだから、アマチュアがただやみくもにボールを打つ練習は、やはり効果が薄いだろう。

ほとんどのプレーヤーの練習は、ちゃんと当たったかとか、右へ出た、左へ出たとか、右に曲がった、左に曲がったとかの結果を見ているだけで、どういうボールを打ちたいかという目的意識がない。

なんだか知らないけど「結果はこうだったな」というだけで、「狙った方向に飛ばなかったのはどこに欠陥があるのか？」「それを修正するにはどうするのか？」などはあまり考えずに打っているだけなのだ。

「ゴルフコースはスウィングの欠点を発見するところであり、練習場はスウィングの欠点を直すところである」（アーネスト・ジョーンズ、イギリスの医学者）という名言もあるが、練習もただむやみやたらにボールを打てばよいというのでは能がない。自分の欠点を矯正するという明確な意志と目的がなければ、効果も生まれないのだ。

大学ゴルフ部員を変えたタイガーのレッスン

２０１９年、日本初のＰＧＡツアー競技が千葉で開催された。そこで松山英樹やローリー・マキロイの追撃を振り切って優勝したのは、中年になったタイガー・ウッズだった。

その来日時、タイガーがある大学の女子ゴルフ部員にレッスンしたことが話題になった。

部員10名ほどがボールを打っているのをしばらく観察していたタイガーは、何かに気づいたのか次のように発言した。

「みなさんは練習するときにターゲットを決めて打っていますか？　私がウォームアップするときは、最初の３～４球は30ヤードくらいしか打ちません。そして、そのあとのショットはすべてターゲットを決めて、すべてに意味を持たせて１球ずつ打っていくんです」

つまり、ただ漫然とボールを打つのではなく、練習とはいえショットに「意味を持たせる」のが重要だとタイガーは言う。

「右を狙う」「左を狙う」「弾道の高さを高くする・低くする」「右に曲がるボールで狙う」「左へ曲がるボールで狙う」……などなど、1球ごとに毎回異なった目的を持ってボールを打てというのだ。

これは、スウィングのできているゴルフ部員へ向けたアドバイスなので、ややレベルが高いかもしれない。しかし、アベレージゴルファーでも、自分の力量の範囲で試してみる価値はあると思う。

タイガーのレッスンでは、まず左からのフェードボールを2球、次に右からのドローボールを2球打つように指示した。すると、部員たちが真剣な表情に一変した。球筋をコントロールしようと意識したので、セットアップの段階から緊張感が出るようになったのだ。最初は2球ずつだったが、次にはフェードで1球とドローで1球に、その次には高いドローで1球と低いフェードで1球、さらに高いフェードで1球と低いドローで1球、という具合にタイガーはだんだんと難易度を上げて指示を出した。

もちろん難易度が高いので、ゴルフ部員たちといえども、すべてのミッションをクリアできるわけではない。それでも、1球ごとに課題を変えることで緊張感が増し、練習の質が格段に高まるのだ。

このように緊張感を持って、ボールをなんとかコントロールしようと意識して打たれた1球は、漫然と何も考えずに打った10球よりも、相当質の高い練習になったはずだ。

タイガーの説明では、「**これでやっと練習の意義が生まれてきましたね。バランスよく練習する、とはこういうことです。（1球ごとに）すべて意味があって、何かしらコントロールしようという意識がありますよね。私は練習するとき、このようにバランスをとりながらすべてのショットに意味を持たせて練習しています。すると、体のバランスもそれほど崩れることはありません**」とのことだ。

最後に、1球目は少し力を抜いた軽いスウィングで、2球目はマン振りのフルショットで打たせ、タイガーのレッスンは終了した。

疲れてからの練習にも意味がある

一般ゴルファーには、このような練習メニューは難しいと思われるかもしれない。しかし、自分のできそうな範囲で、なんとかボールをコントロールしようとしなければ、いつまでたってもできるようにならないのもまた事実だ。

これらの課題のうち、ひとつでもクリアできるようになれば、その人のゴルフはひとつレベルが上がるだろう。すべてはできなくとも、そうやって練習することで、上達の可能性が生まれるのだ。

漫然と単調に打っているだけでは、筋力アップにはなるかもしれないが、実戦で使える練習にはならないだろう。筋力アップやスウィング作りなら、素振りのほうが効果は高い。

実際にコースでスウィングするときのことを考えてみると、そのホールのレイアウトやアンジュレーション、風の影響などに配慮してターゲットを決め、どのような球筋で打つのかも決めて、緊張感を持ってショットするだろう。練習場であっても、コースに出たときと同じように考えないと、実戦で使えるショットにはならないのだ。

タイガーのレッスンで最後に行った、軽く振るのとマン振りの打ち分けなどは、実戦でとても効果があるに違いない。意識して軽く振ることでさえも、練習していないと急にできるものではないからだ。

ジェフリー・カズンズの言葉にも同様の意味があると思う。「**新鮮で十分に思慮とコンセントレーションを持った1時間の練習**」とは、タイガーがレッスンしたような練習をいうのだろう。

カズンズは「**疲労したときの練習の10倍も効果がある**」と続けて、疲労してから練習しても意味がないように言っているが、私はそうでもないと思う。

最初は腕力に任せて振ることができるが、疲れ切ってしまうと腕力だけではクラブが振れなくなり、体の回転やフットワークなど体全体を使うようになる。このときのスウィングは、再現性の高いよいスウィングであるはずだ。

だから、重いバットなどでスウィングして腕の筋肉を疲れ切った状態にしてからゴルフクラブで打つというのも、それはそれで意味のある練習になると思う。

いずれにせよ、せっかく練習するなら、賢明な練習をしたいものだ。1球ごとに意味を持たせ、テーマを決めて練習することで、効果は相当高まるだろう。

05 ボール番号まで確認しなかったのは自分のミス。

——松山英樹

日本にはゴルフマナーの本がほとんどない

鈴木康之さんはゴルフマナー研究家として知られ、「**マナーは実行されなければ、ないも同然である**」という名言がある。

著書『ピーターたちのゴルフマナー』（ゴルフダイジェスト社）には、あのＲ＆Ａの元キャプテン、サー・マイケル・ボナラックも「**上質なゴルフを満喫するため、本書が広く日本の方々に愛されることを祈ります**」と推薦文を寄せている。

日本にはゴルフマナーに特化した本が少ない。一部のレッスン書などで、ルールブックの最初に掲げられているエチケットの大事さについて述べているものもあるが、マニュアルとしては物足りない。ゴルファーのよきマナーとは、具体的には何をするのか、その理由はなぜなのか、どうすればやりやすいのかまでは書かれていないのである。

『ピーターたちのゴルフマナー』は、それらを場面ごとに具体的に体系化して書かれた本で、大変すぐれたゴルフマナーのマニュアルだと私は思う。

私は年に1～2回、忘れた頃に読み直すようにしているが、そのたびに発見がある。気づいたことはひとつでも実行するようにして、少しでも上質なゴルファーになれるようにと努めている。

さて、以前テレビCMでこんなものがあった。小栗旬が友人から1枚のお札を取り上げて言う。

小栗「これ、君のお金だよね」
友人「当たり前だろ」
小栗「証明できる？」
友人「さっきまで僕の財布に入ってたじゃない！」
小栗「でもいま持ってるのは僕だし、君の名前も書いていない」

最後は友人にお札を返しながら「お金ってなんなんだろ？」とつぶやくのだが、なかなか考えさせられる。

なるほどたしかに、そこらじゅうに同じ紙幣があり、ひとたび持ち主の財布から離れたら、それが自分のお金だと証明することは難しくなる。

これと同じようなことがゴルフにもあるのだ。そこで混乱しないよう、準備する行動がまさしくマナーだと鈴木氏はおっしゃっている。

落ちているのは本当にあなたのボール？

その最たるものはボールだ。「**ボールはマイボール（オウンボール）であること**」がマナーだと言う。大量生産されたボールは、お金とおなじく見分けがつかないからだ。

朝のティーイングエリアで同伴競技者と使うボールの確認をする。競技では必ず行う、よくある光景だ。ここで同じメーカー、同じ種類のボールを使うプレーヤーがいれば、ナンバーを偶数番と奇数番に分けるなどして対応することだろう。

その結果、あなたは「タイトリストPRO V1」の奇数番を使うことになり、1番のボールを使ってティーオフしたとする。一見これで何も問題はないようだが、本当にこれで、「自分のボールで最後までプレーし続けてホールアウトできる」と断言できるだろうか？

あるホールであなたは、ボールを窪んだ低地へ落としたとしよう。そこにはネットが張ってあるからOBにはならないが、降りていくのは大変だ。

やがて、あなたは「タイトリストの1番」を見つけるが、そのあたりには放置されたボールがいくつも落ちている。高齢ゴルファーなどが降りられず、「ワンペナで上からやります」なんてローカル・ルールを勝手に作り、プレーを続行してしまうことも多いのだろう。

ここで、あなたが見つけた「タイトリストの1番」は、果たしてあなたのボールだと証明できるだろうか？　それには落ちているボールの銘柄と種類と番号をすべてチェックし、「タイトリストの1番」はそれ1個だと証明しなければならない。

深いラフに沈んでいて見えないボールもあり、それも「タイトリストの1番」かもしれない。すべてを識別して証明することは無理だろう。そのまま打っていってしまうと、自分のボールではないかもしれないボールでホールアウトすることになってしまい、厳密なことを言えば誤球と判定されるかもしれない。

自分のボールかどうかがわからない場合、これはロストボールとして処理しなくてはならない。

「そんなにたくさんボールが放置されてることなんてないよ」と言われるかもしれない。では、あなたが林に打ち込んで、ボールを探しにいくと、ほどなく「タイトリストの1番」が見つかった。しかし、一緒にボール探しをしてくれた同伴者がその近くでもう1個の「タイトリストの1番」を見つけてしまった場合はどうだろう。

前の組の誰かが落としていったボールかもしれないが、判別がつかない場合、あなたはゴルファーとして「どちらが自分のボールかわかりません」と正直に申告し、ロストボールとして処理しなければならない。

そこへ、隣のホールからボールを曲げたプレーヤーがやってきて、「私の『タイトリストの1番』を知りませんか？」と聞いてきたとしたら……。

「タイトリストの1番」はそこにたしかに2つある。しかしどちらもニューボールで傷ひとつないとなれば、どっちがどっちのボールかはわからない。

「こっちのが僕ので、そっちのがあなたのってことにしましょう」とやるのは、プライベートなら目をつぶれるかもしれないが、コンペではそうもいくまい。結果は2人ともロストボールということになる。

『世にも奇妙な物語』のようだが、たとえフェアウェイの真ん中でも、まったく同じボールが隣から打ち込まれてきた、ということだってなくはないのだ。

ボールもマーカーもクラブも、自分のものを識別できるのがマナー

そこで、あなたがスタート前にボール番号の横のディンプルを赤く塗っていたらどうだろう？　ボール番号は2か所にあるから、マークも2つ。どんな向きにボールが止まっても、片方のマークは識別できるはずだ。

たったこれだけで、この面倒な問題は一気に解決する。あなたは「赤いマークのついた『タイトリストの1番』が自分のです」と証明できるからだ。あなたは誤球もせず、ロストボールにもならず、遅延することなくプレーを続行でき、隣から打ち込んだプレーヤーもロストボールを免れるのである。

以前、松山英樹プロが凱旋帰国したとき、国内ツアーで誤球したことがある。同じ組にスリクソンの同じボールを使っていた若手プロがいて、松山プロに憧れていたのか、パッティングラインを合わせるラインの描き方までも同じだったのだ。松山プロは「**ボール番号まで確認しなかったのは自分のミス。若手プロに申し訳ないことをした**」と謝罪してい

た。

このようなこともあるからこそ、オウンマークのあるオウンボールを使うのが、ゴルファーとしてのマナーなのである。

１ダース以上買えば、オウンネーム入れの無料サービスをしてくれるボールメーカーもある。有料で時間はかかるが、自分だけのオリジナルロゴもプリントできる。

そういうサービスを利用するのもいいが、簡単なのはサインペンでマークをつけることだ。星形やハート形、名前のイニシャルなどをいつでも描けるように、キャディバッグには１本サインペンを入れておくといい（キャディさんもたいがい持っている）。

ボールだけではない。ゴルフ場備えつけのボールマーカーは、みんなが同じものを使うと混同することもあるかもしれない。１００円硬貨をマークに使うのも同様だ。やはり、自分だけのオリジナルなマーカーを２つは用意しておきたい。

使うクラブにも同じことが言える。以前、ＸＸＩＯ（ゼクシオ）のドライバーが流行ったときには、４人中４人が同じＸＸＩＯドライバーということもあった。パターもそうだ。オデッセイの２ボールパターが流行ったときは、同じパターを使う人にしょっちゅう遭遇したものだ。

他人のクラブでプレーしたら失格になってしまうので、これもシャフトに色テープなどを巻きつけてマイオウンクラブにしておけば、キャディさんも助かるはずだ。100円ショップにはさまざまな柄のマスキングテープが売っているから、利用するといい。

最近のドライバーやパターにはメーカー製のヘッドカバーがついてくるが、流行のクラブはヘッドカバーも同じになるので、混同しかねない。そういうヘッドカバーにもオウンマークをつけておけば、トラブルになることもないだろう。

ゴルフ仲間は、同じような技量で、同じような年齢のプレーヤー同士が集まるものだから、使うクラブやボールなどはバッティングする可能性が高いものだ。

自分の道具や用具だけでも、必ず識別できるようにしておく。無用なトラブルを避け、ゴルフを満喫するための大事なマナーだ。

06 ゴルフは紳士のゲーム。同伴競技者を言い訳のタネに使ってはならない。

——ウィリアム・オークタローニー

ゴルフは言い訳の宝庫

ウィリアム・オークタローニーは、21歳にしてスコットランド・プレストウィックで開催された１８９３年の全英オープンで優勝している。このとき彼のキャディバッグに入っていたクラブは７本で、キャディはつけず自分で担いでプレーした。

試合後に本人が語ったところによると、実際に使ったのは５本だけで、２本は出番がなかったそうだ。パターは使っただろうから、それ以外のショットはたったの４本でこなしたということになる。使いきれる技量もないのに、14本ものクラブがキャディバッグに入っているアベレージゴルファーは、少し考え直したほうがいいのかもしれない。

オークタローニーのモットーは「**ボールに触れず、人に迷惑をかけず、言い訳を口にしない**」だった。彼の弟子のひとりが、同伴競技者との相性が原因でゲームに負けたと言い訳したのを烈火のごとく怒り、言ったのが冒頭の言葉だったようだ。

さて、ゴルフは言い訳の宝庫。プレー後に「あそこでこうしていれば……」「○番ホールの大たたきさえなかったら……」という、タラレバの言い訳はまだ微笑ましいものもある。しかし、同伴競技者を言い訳のタネにするのは最悪だ。

「あいつがプレー中にやたらと話しかけるので集中できなかった」

「彼のプレーが遅くてイライラしてしまってさ、ゴルフにならなかったよ」

「ヘタクソがひとりいてさぁ、リズムが崩れるんだよな」

などなど、相手にも多少は問題があるのかもしれないが、それをスコアが悪かったことの言い訳にするのは、もっとも軽蔑されてしまう言動である。

キャディのせい、コースのせい……責任転嫁していないか?

これと並んで、キャディのせいにする輩もいただけない。

「キャディが残り１３０ヤードだって言ったから、そのつもりで打ったらショートしてバンカーだった。それで大たたきよ」

「フックラインだって言うからフックに打ったのにさ、ラインはまっすぐで入らなかった。俺はまっすぐじゃないかって思ったんだけどね」

「キャディが『左はＯＢです』なんて言うから、気になって結局ＯＢだよ」

いかがだろうか？　聞いていて不愉快にこそなれ、気持ちのいいものではないと思う。

これらの言い訳は、他人に責任を転嫁するたぐいのものといえる。会社にもしこんな上司がいたら、顔では笑っていても心では軽蔑してしまうに違いない。

同伴競技者やキャディさんを言い訳のタネに使うのは、ゴルファーとしての品格を疑われることにさえなりかねないので、自粛すべきであろう。

言い訳に関しては、こんな名言もある。

「リンクスは野性的すぎて性に合わないと言う人がいる。ギリシャ神話の時代から、臆病者は言い訳がうまい」（ジョン・ヘンリー・テイラー）

19世紀末から20世紀初頭にかけて、ゴルフ界には「３巨人」と呼ばれる名手がいた。ハリー・バードン、ジェームズ・ブレイド、そしてテイラーである。この時代の全英オープンは、ほとんどこの３人でかわるがわる優勝していたのだ。

さて、テイラーが揶揄しているのは、コースを言い訳にするプレーヤーである。同伴競技者やキャディさんをタネにする言い訳の次にみっともないのが、このタイプだ。

「このコースのグリーンは遅すぎ（速すぎ）て、スコアになんないよ」

「ラフが深くてさぁ、これじゃまともにプレーできないよ」

「アップダウンがきつくて、後半バテちゃったよ」

どうだろうか？ 所詮はみな同じコースでプレーしているのだから、コースの状況を言い訳にするのも、「自分の技量不足を棚に上げて……」と笑われているに違いない。

このように、スコアが悪い原因を周囲の人やコースなどのせいにするのは、みっともないと思われるだけでなく、ゴルファーとしての品格をも疑われるものだ。標的にされた同伴プレーヤーやキャディさん、コースを維持管理している従業員さんがそんな言い訳を聞いて気分がいいはずがない。また、一緒にプレーしている人たちも同様で、楽しくプレーできなくなってしまう。

自虐的な言い訳には「自分はもっとうまいのに……」が隠れている

一方、自虐的な言い訳をするプレーヤーもいる。これは責任転嫁ではない分、言い訳としてはレベルが高いのかもしれないが……。

　コンペの朝、エントリーの受付やプレー前の集合場所などでは、この手の言い訳をやたらと聞く。言い訳の上級者ほど、機先を制して早めに先手を打つものだ。「同じ言い訳をする人がいるかもしれないので、真っ先に言っておこう」という防衛本能のようなものかもしれない。

「ゆうべ、お得意さんの接待でさぁ、二日酔いだよ～」

「ここんとこ忙しかっただろ、練習に行けてないんだよ」

「ちょっと無理してしまって……熱っぽい」

「今日は新品のドライバーでさぁ、初めての実戦なんだよ」

「パターを替えてみたんだけど、まだ慣れなくてねぇ」

　などなど、枚挙にいとまがない。

　これらは、自分自身のことを言い訳のタネにしているので不愉快さは少なくなるが、伝説のアマ・中部銀次郎さんは、そんな言い訳にも見栄が潜んでいると言う。

「二日酔いでなければ」「寝不足でなければ」「練習できていれば」「熱がなければ」「買ったばかりのドライバーでなければ」「パターを替えていなければ」、自分はもっといいゴルフができるという虚栄心があるというのだ。

「今日はたぶんいいスコアは出ないけど、自分はもっとうまいのだ」という意味のないプライドがそう言わせていると、銀次郎さんは見抜いていたようだ。

「**優柔不断な人物ほどプレーが遅い。卑怯な人間ほど言い訳がうまい**」（サー・ロバート・フリントン）という名言もある。そして、そのような言い訳は罪がないようで、実は本当にスコアを悪くする要因になっていることに気づいていないとも指摘している。言い訳を並べれば並べるほどに、プレーヤーの心にはマイナスイメージが増幅してしまうことを銀次郎さんは知っていたのだ。

言い訳を口に出してしまっては、スタート前からすでに悪いスコアを自分に呼び寄せているようなものなのである。

では、実際に体調がすぐれないときなどは、どうすればいいのだろうか？

そういうときは、「この体調で、自分はどのようなゴルフができるのだろうか？」と検証するような気持ちでプレーすることだ。そうすれば、次回同じように体調がすぐれないときのヒントになるようなことを学べるかもしれないからだ。

言い訳のタネも、考えようによっては上達のタネに変えられるものなのだ。

07 方向に難点のある人は、多くの場合スウィングよりもグリップが悪い。

——ハリー・バードン

ボールはフェースが向いている方向に飛び出す

ハリー・バードンは、言わずと知れた「オーバーラッピンググリップ」の創始者だ。バードンが活躍したのは１８９０年頃から１９３０年頃までだが、当時はベースボールグリップが主流だった。

利き手が強く働きすぎてしまうことでコントロールが悪くなっていると感じたバードンは、右手の小指をクラブのグリップから離し、左手の人差し指の上へ重ねた。この右手の指１本少なく握るグリップで、全英オープンで６回、全米オープンでも１回優勝している。

オーバーラッピンググリップは、ハリー・バードン、ジェームズ・ブレイドとともにゴルフ３巨人と呼ばれたひとり、ジョン・ヘンリー・テイラーが考案したと本人は言っているらしいが、結局、テイラー自身は採用しなかった。

かたくなにオーバーラッピンググリップを極めて、試合でも優勝し、そのグリップの効用を証明してみせたのがハリー・バードンだったのだ。

それだけに、球筋のコントロールに重要なのはスウィングよりグリップだという、彼の名言には説得力がある。

１９００年頃、まだレッスン書やゴルフ理論などがほとんどない時代には、飛んでゆくボールを見て、次のように教えていたそうだ。

「ボールが右へ飛ぶのは、フェースが右を向いているからだ」
「ボールが左へ飛ぶのは、フェースが左を向いているからだ」

だから、それを直しなさい——という単純明快なものだった。

要するに、ボールはフェースの向いている方向へ飛び出すということを言っているのだ。これはいまから１００年以上も前の教えなのに、真理をついている。

一時期の説では、フェースが目標ラインと直角でも、摩擦の影響で、インサイドアウトの軌道だとやや右へ、逆にアウトサイドインの軌道だとやや左へ飛び出すと言われていた。

しかし最近、高速シャッタービデオの超スロー撮影でこれを実験してみたところ、スウィング軌道はどうであれ、ボールがフェースから離れて飛び出す方向はフェースの向いた方向だと確認された（アイアンによる実験）。

もちろん、ボールには横回転が入るから、飛び出したあとにはフックやスライスをして左や右へ曲がっていくが、最初の飛び出しはあくまでもフェースの向いた方向なのだ。

以前は、インパクトのときにフェースが目標に対して直角に向いていて、インサイドアウトにスウィングされた場合には、少し右へふくらみ気味に出ていって、その後ドローして戻ってくると考えられていた。

しかし、実際は「目標方向へ飛び出してからドローする」というのが正解だったのだ。もちろん、逆のアウトサイドインにスウィングされた場合も、同様の現象となる。

スウィングよりもグリップで軌道を修正する

そうであれば、アドレスの取り方や弾道イメージの持ち方も、それに沿ったものにしなくてはならない。

少なくとも、ボールの飛び出し方向でもっとも重要なファクターはフェースの向きだということを、しっかり認識する必要があるだろう。

だから、ボールがどうも右（または左）に飛び出してしまうというときは、スウィングで直そうとするのではなく、まずはフェースの向きを直すのが正しいのだ。

ボールの飛び出しのズレの原因は、アドレスではフェースを目標に向けているのに、インパクトではフェースの向きが変わってしまっているところにある。ボールの飛び出し方を見て、それを修正すればいいのだ。この修正が、冒頭の名言のとおり、グリップを調整することなのだ。

右利きの場合、飛び出しが右へ出るゴルファーはフェースがもう少し返るように少しストロングにグリップを変え、逆に左へ出る人は少しウィークに変えればいい。

飛び出しが目標方向に修正されたら、あとは空中でのフックやスライスの曲がり具合を計算すればよいのだ。

とくにラウンド中は、スウィングで調整しようとするとガタガタになってしまうことが多い。グリップを少し修正するだけなら、比較的対応しやすいと思う。

よくあるのが、ショートアイアンだけを左へ引っかけてしまうというケースだ。こういうとき、ショートアイアンのスウィングを右へ押し出そうと修正すると、プッシュアウトしたり大フックになったりして結果が悪くなることが多い。

これが、ほんの少しグリップをウィークにしてやると、スウィングはそのままでも勝手に目標方向へ飛び出すように修正されるのだ。

グリップを修正するやり方としては、たとえばいつも3度ほど左へ引っかけるとしたら、アドレスでフェースの向きを右へ3度開いてクラブをセットし、そのままいつものようにグリップすればいい。

こうすれば、いつもアドレスとインパクトでフェースの向きが3度左へズレていたのがちょうどよく修正されるはずだ。

あとは、実際の飛び出しがどうなるかで、微調整を加えればいいだろう。長いクラブでは、振り遅れて逆に右方向へ飛び出すことも多いが、その場合は上記の逆をやればいい。

スウィングの要は「1にグリップ、2にアドレス」

グリップに関する名言には次のようなものもある。

「上級者のグリップが美しいのではない。美しいグリップの持ち主だから上級者になれたのだ」（ジーン・サラゼン）

この言葉によれば、グリップが美しくないゴルファーはダッファーのままうまくなれないということになる。

では、美しくないグリップとはどういうものか？

●両手の親指と人差し指のつけ根の間がルーズに空いている
●右手と左手の握り方に一体感がない
●手のひらで鷲掴みにしたようなグリップ

このようなグリップだと、見た目が美しくない。美しくないばかりでなく、ゴルフクラブのグリップは野球のバットとは違って細いので、手のひらの中で隙間ができてしまい、安定しなくなる。

よって、なるべく指先のほうで握り、右手のひらと左手甲の向きを同一にし、親指と人差し指のつけ根の間に隙間をつくらず締めると美しいグリップになると思う。

指先のほうで握ると、最初は頼りなくて違和感があるかもしれないが、慣れてくると逆に隙間なくしっかりグリップできていると感じるようになるはずだ。

もうひとつ、グリップに関する名言を紹介しよう。

「番手に関係なく、クラブは同じ強さで握ること。長いクラブでの失敗は握りすぎに原因がある」（ホレス・ハッチンソン）

このように、グリップは形も大事だが、握る強さも大事である。

多くの場合、失敗しがちなアベレージゴルファーは強く握りすぎて、腕や肩が硬直してしまっている。

グリップは、ゆるく握っていても、いざインパクトのときには無意識のうちに抜け落ちないようにきちんと握ってしまうものである。だから、アドレスではゆるく握って腕や肩のリキみを抜き、テイクバックからトップにおいてもゆるいグリップのままのほうが柔らかく体を捻転できるだろう。

球聖ボビー・ジョーンズは、トップでクラブをつかまれたら、そのまま手からクラブが抜けてダウンスウィングしてしまったと言われている。それほどグリップには力を入れていなかったのだ。

ゴルフスウィングにおいては、１にグリップ、２にアドレス。これでスウィングの８割は終わっていると言われるが、なかでもグリップは５割以上を占めるのではないだろうか。

第2章 ティーイングエリアで

08 ゴルフで一番の強敵は、自分の力で自分の体を動けないようにすることだ。

――橘田規

なぜ小柄なのに重くて長いドライバーを愛用したのか?

橘田規《きったただし》プロは１９５７年の関西プロ優勝以来、１９７７年の日本プロマッチプレー優勝まで20年にわたって一線で活躍したプロフェッショナルだ。

橘田プロは身長１６４㎝と小柄で、さらに胃潰瘍持ちで痩せ型だった。それでも１９６４年の第２回ゴールデンマッチでは、西宮カントリー倶楽部の18番Ｐａｒ５をスプーンによる２打目でグリーンに乗せ、約６ｍのイーグルパットをねじ込んで逆転優勝したほどの飛距離を誇っていた。

そんな橘田プロの相棒が、当時としては珍しい44インチという長いドライバーだった。

当時のドライバーは130g程度の重たいスチールシャフトだったから、標準的なスウィングバランスD2〜3に仕上げると、42〜43インチになるのが普通だ。

ヘッドはパーシモン（木製）で、いまのクラブと比べるとかなり小さいとはいえ、200g以上あった。グリップも含めた全重量も、最近のドライバーは290〜320g程度のものだが、当時は400gもあったものだ。

橋田プロの長いドライバーはスウィングバランスE2で、いまでは考えられないような、ヘッドが重たく感じるバランスだったのだ。

全重量が軽く、スウィングバランスが軽いクラブのほうがヘッドスピードは速くなる。これは、クラブを逆さまに持ってグリップ側を先端にして振ると、ヘッドスピードが4〜5m／s程度速くなることからも簡単にわかるだろう。

最近では、池田勇太プロがバランスC6というプロとしてはヘッドが軽いドライバーで、飛距離を20ヤードも伸ばしたと話題にもなっている。

しかし、橋田プロの時代にはチタンヘッドもカーボンシャフトもなかったから、全重量も重く、バランスもヘッドが重く感じるクラブしか作れなかったのだ。それなのに、背も低く痩せ型の橋田プロは、なぜとくに重くて長いドライバーを愛用したのだろうか？

橋田プロは、体の柔軟性もあまりよくなかった。左右のねじれ方向はまだしも、前屈するのが苦しいタイプだったようだ。

このため、前傾姿勢を深くすると疲れやすく、後半になると無意識に上体が起き上がってしまってショットが狂うと自己分析していたらしい。

その点、長いドライバーならば前傾角度を少なくして振れるから疲れにくく、最終ホールまで同じスウィングで通せると考えたのだ。

効率を追究した「水平打法」

橋田プロは１９５９年にアメリカへゴルフ留学したが、そのときに相棒となる44インチのドライバーを手に入れている。

周囲は、「そんなに長くて重いもん、うまく振れるのかいな」と懐疑的だった。

しかし橋田プロは、「**長い、重いと言っても片手で楽々と持ち上げられるもんです。トップまで上げるのに力なんかいらない。振り下ろすのにもクラブに任せれば力はいらない。そうすれば44インチという長さが遠心力をつけ、Ｅ２という重さが加速度をつけてくれる**」と信じていた。それが、いまのクラブとボールなら６００ヤード級に匹敵する、西宮カントリー倶楽部の５６０ヤードＰａｒ５の2オンを実現したのだ。

そうは言っても、橘田プロは身長１６４㎝で体重50kg台、胃潰瘍で体も硬い。ゴルファーとしては恵まれた体格とはいえないのだから、よほど効率のよいスウィングをしなければ、長くて重いドライバーを振ることはできない。

「重いクラブで素振りをすると、グリップとリストの力を強めるばかりでなく、スウィングでもっとも大切な正しい体重の移動、フットワーク、腰の回転、リズムなどを自然に会得するとともに、自分の悪い癖まで知らぬ間に矯正または予防する効能がある」（ジーン・サラゼン）

サラゼンのこの名言から考えても、橘田プロのスウィングは相当に効率のよいスウィングだったと考えられる。そのスウィングは、橘田プロが試行錯誤の末に編み出したものだったが、のちに理論構築され、「水平打法」と名付けられた。

クラブを持って、野球のように腰の高さぐらいのボールを打つつもりで振ると、軽々と楽に、速いヘッドスピードで振れる。ところが、地面にあるボールに対してアップライトに振り上げると、肩の動きが窮屈で自由に動かすことが制限される。

橘田プロはこのことから、人間の体は前傾して斜めに回転させることは難しいが、水平に回すのは容易で、自由な動きになると考え、ゴルフスウィングもできるだけ水平に近いものにしようとした。その結果、橘田プロのアドレスはスッと立った自然体で、トップの手の位置は低く、肩の高さあたりになっていた。この高さがもっとも楽で、自由に速くダウンスウィングできる理想的な位置だと自身が解説している。

あとは、一気にフィニッシュまで振り切る。これが水平打法のエッセンスだ。

私にはもう、橘田プロのスウィングは記憶の片隅にしか残っていないが、かなりフラットなプレーンで振っていて、ベン・ホーガンと共通していたように思う。

インパクトの図解を参考にしてはいけない

最近では、２０１９年のフェニックス・オープンで優勝したリッキー・ファウラーが、やはりフラットなスウィングの代表格だ。ファウラーもまた、ＰＧＡツアー選手としては恵まれた体格ではないが、その飛距離は他の飛ばし屋に引けをとらない。

また橘田プロは、「**アマチュアはプロなどのインパクトの写真を見て、その形にこだわるから迷ってしまう**」と説いている。

参考にすべきなのはアドレスとトップとフィニッシュの止まっているポイントだけで、

ホーガンのスウィングの連続イメージ

それ以外は参考にならず、むしろ害だという。動いているところは過程であって、型があるようでない。その一部を切り取って見ても意味がないというわけだ。

その点、アドレス・トップ・フィニッシュには一瞬だが止まるところがある。そこには型があるから、それを参考にすべきだというのは納得がいく。

そうすると、このベン・ホーガンのスウィングイメージなどは真に的を射ているといえるだろう。棒立ちのようでそうではなく、やや前傾でスッと立ったアドレス、フラットで低い手の位置のトップ、振り切った結果ピタリと止まるフィニッシュ、橋田プロの説く水平打法のポイントがそっくりそこにある。

橋田プロもホーガンも長い期間トッププロとして活躍したことを思うと、水平打法はとくに高齢のアマチュアゴルファーの参考になると思う。

最近のドライバーは橋田プロの44インチよりさらに長く、45〜47・5インチまである。さらに橋田プロの時代と異なり、軽くて大きいヘッドが作れるようになった。スウィングバランスもE2のような重いバランスではなく、D0前後なのだから、水平打法の理論はますます効果的なはずだ。

晩年の橋田プロは、冒頭の言葉のあとに「**アドレスですでに力が入りすぎている人もいるし、バックスウィングでカチカチになっている人もいる。トップで肩や腕に力が入り、ヘッドにスピードが伝えられないような型になっている人もいる。力を入れないと振れないと思っているのだろうけど、その力が一番の強敵なのだ。力とスピードはあまり関係のないことだと思ったほうがいい**」と言っている。

長くて重いクラブだと思えば振れなくなるが、せいぜい片手で楽々持ち上げられる程度の重さだし、スピードを出すのに力は関係ないと考えれば振り切れるものなのだろう。

橋田プロの師匠は廣野ゴルフ倶楽部の柏木健二ヘッドプロだったが、その教えのなかでもっとも大切にしたのが「**振る途中で力をロスするな**」という一言だったそうだ。

そういうスウィングができれば、体格的にすぐれていなくても、年齢を積み重ねても、十分な飛距離を出すことができるとは思えないだろうか。

09

結果はなりゆきに任せよう。ボールを遠くへ飛ばそうとしてはいけない。

――バイロン・ネルソン

リキむと飛ばず、軽く振ったら飛びすぎるのはなぜ？

ベン・ホーガンやサム・スニードと同じ１９１２年生まれのバイロン・ネルソンは、彼らと同じく１９３０年代から40年代にかけて活躍した。ＰＧＡツアー通算52勝、メジャーでもマスターズ２勝、全米オープン１勝、全米プロ２勝とすばらしいが、とくに１９４５年の11連勝を含む18勝はいまだに破られていない記録だ。

冒頭の言葉は、名言集などには見当たらないかもしれない。『ハーヴィー・ペニックのゴルフ・グリーン・ブック』（集英社文庫）で、ペニックがネルソンから聞いたとして紹介しているのがこの言葉だ。

「結果はなりゆきに任せよう。ボールを遠くへ飛ばそうとしてはいけない」——このあとに、「**その代わりに、飛ばそうと思わなくてもボールが遠くへ飛んでいく感覚を養うこと。それだけでたしかに、ボールは飛ぶのだから**」と続く。

遠くへ飛ばそうとしてリキむと、多くの場合スウィングがプレーンから外れ、正確にボールをヒットできなくなるものだ。

結果として、飛ばそうと力を込めるとミスヒットでボールは飛ばず、逆に刻むつもりで軽く振ったら当たりがよすぎてハザードに届いてしまった……ということがよく起こる。

「**ゴルフとは１５０ヤード飛ばそうと思って打てば50ヤードしか飛ばず、50ヤード飛ばそうと思って打てば１５０ヤード飛ぶものだ**」（出典不明）

こちらは名言集にもよく取り上げられている言葉だ。遠くへ飛ばそうとしないときは、ヘッドがプレーンを外れず正しいスウィングになり、ダウンスウィングでのタメも自然にできて、効率的に強いインパクトになるものだ。

「**無理に力を入れてはいけないということは、究極において、ゴルフスウィングの最高無二の秘訣である**」とサム・スニードも言っている。

ネルソンの言う、「飛ばそうと思わなくてもボールが遠くへ飛んでいく感覚を養うこと」を理解すれば遠くへ飛ばそうとはしなくなると思うのだが、なかなかその感覚は養えないものだ。どうすれば、飛ばそうとリキまなくても、インパクト付近でヘッドスピードが上がる感覚を身につけられるのだろうか？

連続素振りで自分のプレーンを知る

ということで、私は素振りをすすめている。素振りでは、ヒットすべきボールが視界にないため、少なくとも「ひっぱたこう」とする意識はなくなるからだ。

オンプレーンスウィングが万能でも必須でもないことは、ジム・フューリクやライアン・ムーア、中《シン》ジエなど、特徴的な8の字（ループ）スウィングなのに正確さではツアー屈指のプロたちを見ればわかる。

しかし、アベレージゴルファーがレベルアップするには、少なくとも一度は「これが自分のプレーンか！」と確認するとともに、そのプレーンをなぞるオンプレーンスウィングが自分の感性に合っているかを知ることも有意義だろう。

その場合、ドライバーのシャフトに鉛を貼って少し重くしたもので連続素振りをするのがおすすめだ。

じつは、私がいまやっているスウィング練習はほぼこれだけ。連続で素振りすると、最初のうちは行きと帰りでスウィングが波打ったりするが、何度も繰り返しているうちに一定して反復できるプレーンがわかってくる。このプレーンを感じることができたら、それに沿って振ればオンプレーンスウィングになるというわけだ。

また、頭を動かさずにダウンスウィングをすることで、ヘッドスピードが上がるということも感じられるだろう。重いクラブであっても、ダウンスウィングで重力を利用すると、それほど力を込めなくてもスピードを出すことができる。

さらに手首、腕、肩などの筋力アップ、わき腹の腹斜筋、背筋など体幹周りも鍛えられ、ヨロヨロしないバランスのいいスウィングも体得できる。まさに、素振りは一石五鳥ぐらいの効果があるのだ。

ただし、重いクラブでの連続素振りは左親指の付け根などを痛めやすいので、野球のバットと同じグリップ（ベースボールグリップ）でやることをおすすめしたい。

ゴルフのグリップで振るのは、最後の仕上げに5〜10スウィングだけで十分だ。ひじや腰などへの負担もあるので、やりすぎには注意。違和感が出たらすぐに休もう。

連続素振り10回を2〜3セット、プラス仕上げにゴルフグリップで5回ぐらいから始めるといいかと思う。慣れてきたら回数やクラブの重量を増やせば、さらに筋力アップできるはずだ。

1日やったら1日休み、週３〜４回やれば最高。単調な練習だが、我慢して１か月続けると、少なくともスウィングの安定に効果が感じられるはずだ。３か月続けると、飛距離もかなり伸びていることに気づくだろう。

ちなみに私は、素振り用クラブの重量を徐々に増やしていき、６か月経ったいまでは全重量６４０ｇ（通常使用のドライバーは３０２ｇ）のクラブを振っている。ベースボールグリップで連続素振り20回を３セット、仕上げにゴルフのグリップで10回（フィニッシュを決める）、体のバランスのために左スウィングで10回。合計80回を１日おきに、無理せずやっている。

年齢が年齢なので、違和感や痛みが出たら、すぐに２〜３日休む。体を壊さず、継続することが大事だと思う。

65歳からでも飛距離は伸ばせる！

そんな程度の私だが、Ｙ社のスウィングトレーナーで43ｍ／ｓがやっとだったヘッドスピードがいまでは47m／sを出せるようになり、この歳でドライバーの飛距離が約20ヤード伸びた。

体幹も強くなり、スウィング自体も安定したので、飛距離が伸びた分、曲がりが大きくなったということもない。フェアウェイキープ率はそのままだ。

ヘッドの先端（ネック）につける市販のリング重り（約３００ｇ）は遠心力が強くなりすぎて、肩が抜けそうになるのでおすすめしない。リングをシャフトの真ん中あたりに固定するか、ホームセンターで売っている鉛板をシャフトに巻きつけるのがベターだろう。

オンプレーンスウィングができると、再現性が高くなってショットが安定するのは事実だ。オンプレーンスウィングが気持ちよくできれば、それに越したことはない。ただし、気持ち悪かったり違和感がどうしてもある場合、オンプレーンにこだわっていても意味はない。

伝説のコーチ、ハーヴィー・ペニックは次のように言った。

「あるとき、息子ほどに若いレッスンプロが、ひとりのアマチュアにスウィングの何かを教えている現場に出くわした。彼は、スタンスとグリップ、ボールの位置、テイクバック、トップ、ダウンスウィングからフィニッシュにいたる動作を１００万分の１単位のミクロ

理論で説明した上で、そのひとつひとつができなければ未来はないと言った。こうしてまたひとり、アマチュアが抹殺されたのである。率直に申し上げよう。スウィングとは、その人が振りやすい格好で振ればいいのだ。問題は、いかにしてヘッドの芯に当てるか、そこにしかない。芯への当て方を簡潔に教えることがレッスンというものだ。ところが、多くの教師たちは、理論を武器にアマチュアを殴り殺すかのように思える」

なんとも辛辣だが、この言葉こそが真のレッスンのあり方を示していると思う。

重くて長いクラブでの連続素振りは、ペニックの言う「その人が振りやすい格好で振ればいい」スウィングを、それぞれの人が自然と体感できる。

もっとも振りやすく、インパクト・ゾーンでもっともスピードが出るスウィングというのは人それぞれだ。そして、素振りがそれを教えてくれるというわけだ。

上級者にも大きな効果がある素振りトレーニングは、アベレージゴルファーにはより短期間で効果てきめんだ。

私が素振りトレーニングをすすめたブービー・メーカー（110打以上）の友人は、1週間の素振りだけで、次のラウンドでなんと42＋43の85を出したという。これはたまたまかもしれないが、即効性があり、その効果が大きいことも十分にありうるのである。

⑩ "The higher the tee, the higher the handicap."
（ティーが高いほど、ハンディキャップも高い）

——スコットランドのことわざ

追い風のとき以外は、常に低いティーでプレーせよ

スコットランドのリンクスは、コース内に高い木がないため、風をさえぎるものが何もない。しかも海が近いので、風が吹かない日はないといってもよく、おまけに強く吹くことが多い（と紹介されている）。とくにアゲンストの風は、ボールが飛ばない、吹き上がる、左右の曲がりも大きくなる、と非常に厄介だ。

フォローの風も、ドライバーが飛んでくれるのは助かるが、グリーンを狙うショットはスピンが利かないので難しい。ショートアイアンでも、落下後のランを考慮しておかないとすぐにグリーンオーバーとなり、難しいアプローチを残すことになる。

いつも風にさらされているため、フェアウェイやグリーンが硬く、高い球筋のショットでも大きくはずんで、なかなか止まらない（と想像できる）。

そのようなコンディションのなかでは、やはり低い球筋でランを使うゴルフが有効だ。基本的には「ティーアップしていないボールをヒットできるスウィングがドライバーショットでもされるべき」というのがスコットランド流と言っていいだろう。

そんなスコットランドでも、ハンディキャップの高い下手な部類のゴルファーは、空振りやトップのチョロを恐れて、ティーアップを高くする傾向があったようだ。それが、冒頭のことわざとなって残ったのだろう。

一方、上級者はティーアップを低くし、ドライバーも、ティーアップしないその他のクラブも、同じスウィングで低い球筋のショットを基本としたのである。だから「球筋が低いほど、ハンディキャップも低い」と冒頭のことわざは言っているのだろう。

ゴルフの歴史上最初のプロゴルファーとされているアラン・ロバートソンには、生涯一度も負けなかったという不敗伝説がある。

当時は、ティーアップをするのに砂を盛り上げて、その上にボールを置いたものだが、ロバートソンはいかなるときも砂を用いなかったそうだ。つまり、常に直《じか》ドラだったのだ。

当時の歴代全英オープン覇者たちも、やはり同様の名言を残している。

「追い風のとき以外は、常に低いティーでプレーせよ」（ハリー・バードン）

「高いティーアップの習慣をつけると、ティーアップをしないショットを破壊する。なぜなら芝の上のボールはいつもよいライとはかぎらず、むしろ沈んだ場合が多いからだ」（テッド・レイ）

「高いティーアップは、ドライバーから入門したがる一般ゴルファー共通の悪い傾向だが、ゴルファーは常に地上に横たわるボールを打つことに、慣れるようにしなければならないのだ」（ジョージ・ダンカン）

ボビー・ジョーンズのティーアップは1インチ

その後、ゴルフはアメリカに渡り、クラブとボールも急速に進歩した。アメリカの内陸につくられたコースは風が穏やかで、フェアウェイやグリーンも軟らかくできていた。そのため、低い球筋よりも高いキャリーボールのほうが、飛距離のうえでも、ピンを狙う正確性のうえでも有効になっていったのである。

このためティーアップも高くなり、球聖ボビー・ジョーンズは1インチ（2・54㎝）

の高さにティーアップし、高い球筋でコースを攻略する新スタイルを確立した。そのボビー・ジョーンズが年間グランドスラムを達成したものだから、日本も含む世界中のゴルファーが1インチのティーアップをマネしたものだが、これはドライバーをアッパー軌道で打ち上げるように振る（すくい打ちの）悪影響も生み出してしまった。

ボビー・ジョーンズ自身は、**「ゴルフに打ち上げる運動は存在しない」**と言っている。ドライバーだけアッパーに振るわけではなく、アイアンと同じようにスウィングするが、ヘッドが最下点を過ぎたところでインパクトするので、結果的にヘッドがやや上昇する過程でヒットしていただけのようだ。

ヘッドがパーシモン素材の時代には、それでもティーを低くしてダウンブロー気味にヒットし、ボールは低く飛び出してスピンで浮き上がっていくようなショットも存在していたように思う。名手たちは、高い弾道も低い弾道も、風の影響を考えながら打ち分けるテクニックを駆使していたものである。

ところが、メタルヘッドやカーボンヘッドが登場し、同じロフトでもパーシモンのようにはスピンがかからなくなった。それで、ドライバーだけは意図的にアッパー軌道で振り、ロフト以上の角度をつけてインパクトする高弾道・低スピンのドロ〜ンとした球筋がもっとも飛ぶと言われるようになった。尾崎将司プロが、メタルヘッドの厚みよりもさらに高いティーアップをして勝利を重ねたことで、それをマネするゴルファーも多かった。

弾道と飛距離の関係を科学的に分析することもできるようになり、もっとも効率的に飛距離が出る「打ち出し角度」と「スピン量」も導き出されている。

いまのタイガーの戦い方は一般ゴルファーも参考になる

現在では、ヘッドの素材はチタンやチタンとカーボンのハイブリッドが主流だが、その大型化も特徴的だ。規定ギリギリの体積460ccのヘッドはかなりの大きさがあり、パーシモンとは比べものにならない厚みがある。このため、ティーアップもさらに高くなったように思う。

ボビー・ジョーンズが1インチ（2・54cm）だったのに対し、最近は4～5cm程度が主流なのではないか。ヘッドの厚みが6cmもあり、スウィートスポットの位置も地面から3cmの高さにあるのだから、物理的にもそうせざるを得ないのだろう。

昔のスコットランドのゴルファーがいまのティーアップを見たら、「なんと下手くそだらけなのだ」と思うかもしれないが、道具の進化に順応してティーアップも変わったということだ。

しかし、スウィングの基本というものは、冒頭の名言の時代からいまも変わらないと私は思う。ヘッドの大型化でティーアップの高さが変わっても、スウィングの基本は変わるものではないからだ。

2019年、日本で初めてのPGAツアー、ZOZO CHAMPIONSHIPが千葉の習志野CCで開催され、復活したタイガー・ウッズが優勝した。

タイガーのティーアップはどうだったかというと、他の選手と比べ少し低いように見えた。怪我から立ち直ったタイガーは体への負担を極力減らすため、省エネスウィングを心がけていると聞いている。だから、ドライバーだけスウィングをアッパーに振るようなこともせず、すべてのクラブを同じスウィングで振っているようだ。

ティーアップも、地面から測ってスウィートスポットのある高さに合わせているようで、約3cmの高さにボールの中心がくるようなセットアップに見える。これは他の選手と比べると1〜2cm低い。

タイガーはこのティーアップで低めのフェードボールを打ち、全盛期の飛距離から見れば飛ばなくなっているが、その分正確さはアップしているようだ。

そして、同じスウィングでフェアウェイウッドとロングアイアンはフェード、ミドルアイアンはストレートボール……とクラブが短くなるにつれてつかまりがよくなり、自然に出る球筋をそのまま使っているらしい。

ショートアイアンはさらにつかまりがよくなるので、オープンスタンスでややカット気味に振っているように見えるが、スタンスを変えているだけでスウィングは変わらない。

ウェッジのようなつかまりやすいクラブになると、ピンの右2mほどを目標にしているそうだ。スウィングは変えず、自然につかまりがいい分、少しドローになることもあるからだ。これは、そのまま狙った方向へ飛べば2m右のバーディチャンス、少しつかまってしまってもベタピンという、確率の高い狙い方なのだ。

タイガーのこの狙い方は、一般ゴルファーにも参考になるのではないだろうか。ワンスウィングにして、クラブの長さによって自然に出る球筋を素直に受け入れる。なんともシンプルなゴルフができそうではないか。

全盛期の頃のタイガーのプレーはプロでもマネできないほどのものだったが、中年になり、怪我も抱えている現在のプレーぶりは、ようやく一般ゴルファーにも参考になるようになってきたと思えるのである。

⑪ 3秒以内に打て！

――福井康雄

プロのモノマネがプレーを遅らせる

福井康雄プロは、日本のプロゴルファー第1号・福井覚治《かくじ》プロの息子さんで、日本のレッスンプロの草分けである。生徒数は30万人を超え、型にはめない自然流スウィングと、いかにゴルフを楽しむかを教えた。そのレッスンを望むファンは後を絶たなかったという。福井プロの生徒でもっとも有名なのは、現・日本プロゴルフ協会（ＰＧＡ）会長の倉本昌弘プロだろう。

冒頭の言葉を実践した倉本プロは、まさに「早打ちマック」。自分の順番になるとすぐに打ってしまうので、スロープレーが蔓延しているプロゴルフに慣れてしまったテレビカメラマンは、しばしば肝心のスウィングを撮り損ねたものだ。

２０１９年全英女子オープンで優勝した渋野日向子《ひなこ》プロも早打ちだ。ぐだぐだと考えて時間をかけるよりも、感じたままに打ってしまう小気味よさは海外メディアからも称賛され、倉本プロ同様、見ていて気持ちがいい。

福井プロが言うには、人間の集中力というものは４秒程度しか持続できないのだそうだ。

「**4秒以上経過すると、神経が散漫になったり、逆に過敏になったりもして、自然の状態でスウィングできなくなる。結果は無残、というのも当然のこと**」とおっしゃる。

アマチュア時代の倉本プロにも「３秒以内に打て！」と教え、福井プロ自身はさらに早く打っていたと述懐している。

「早打ちマック」は、事を急いで失敗するときの揶揄として使われることが多い。しかし、生活がかかっているプロと違い、アマチュアには「早打ちマック」を推奨したいぐらいだ。

「**プロのモノマネが、ゴルフの悪癖になりつつある**」と言ったのは、南アフリカの黒豹ことゲーリー・プレーヤーである。

プレーヤーは、プロのスロープレーが悪癖になりつつあるのを嘆いたうえで、「**悲しいことに、こうしたぶざまな動作はモノマネされるから、ゆっくりとゴルフを行うことがい**

いことだと誤解したゴルフファンがプロのモノマネをするおかげで、世界中のゴルフコースでプレーがなかなか進まない」と言っている。

「プロは、早いプレーのお手本を示すべき立場だ」と言ってくれているのはとてもありがたい。一方で、子どもを学校に通わせ、教育費を払い、家のローンも支払わなければならないのだから、1打で何百万円も収入が変わるとなれば慎重にならざるを得ないのも理解はできる。

ところが、アマチュアは生活がかかっているわけではない。ゴルフ本来のマナー精神に戻るべきなのはもちろんだが、スコアのうえでも早打ちのほうがいいのではないかと思う。

さっさと打ったほうがリズムを保てる

よく、「いいショットを打つには、プレショット・ルーティーンを確立し、毎ショット同じルーティーンをすべきだ」なんてことをしたり顔で推奨しているレッスン記事を目にする。

たしかにプロの動作を見ていると、ボールの後ろから方向を確かめ、素振りを2～3回、ボールに近寄ってアドレス、ワッグルを2～3回、呼吸を合わせてスウィング開始……なんてことを毎回30〜40秒ぐらいかけてやっている。

誤解を恐れずに言えば、アベレージゴルファーの場合、そのような儀式に時間をかけても、たいした効果はないと思う。

なぜなら、普段のドライビングレンジでの練習で、1球1球そんな時間をかけたプレショット・ルーティーンなんかやっていないし、自動ティーアップで出てきたボールをすかさず打っているだけだからである。それならば、ボールにアドレスしたらすぐに打ったほうが、普段の練習に近いのではないだろうか。

「練習場ではコースのように、コースでは練習場のように」（出典不明）という格言があるが、練習場でさえやっていないプレショット・ルーティーンなど、コースで効果を発揮するわけがないのだ。ただの時間の無駄といってもいい。

むしろ、ライの状態を確かめたり、アンジュレーションのスウィングへの影響を素振りで確かめたりするほうが重要だ。

そして、そういう確認作業は他人が打っているあいだに済ませておき、自分の番になったら、まさに「3秒以内に打て！」を実践したほうが迷いもなく、リズムもいいはずだ。

その結果がミスショットになったとしても、それはそれ。すぐに次のショットのための準備を始めながら歩いていくことで、リズムを維持できるに違いない。

ここで、自省も込めてアマチュアが気づかなければいけないことがあると思う。

まず、プロのトーナメントは、1組2人か3人でプレーしているということだ。しかも、10分間隔でスタートしている。アマチュアは1組4人で、6分もしくは7分間隔でスタートしているのだから、プロより相当早くプレーしなければ、すぐに渋滞してしまうのは当然だ。

次に、プロはワンショット、ワンパットには時間をかけているかもしれないが、歩くスピードはかなり速いということだ。アマチュアの場合は歩くスピードも遅い。老齢ゴルファーなどはその傾向がさらに増す。乗用カートもコの字形に進むので効率が悪い。そのうえで、プロのようにプレショット・ルーティーンなどしている時間はないのだ。

早いプレーヤーはミスしても称賛される

6分間隔でスタートする場合、「全員がティーショットを済ませて2打目地点へ行き、さらに全員が2打目を済ませるまで」が6分でないと、次の組は6分後に打てないことになる。

ひとりあたり40秒のプレショット・ルーティーンをやっていたら、ティーショットと2打目で40秒×4人×2打＝5分20秒も費やしてしまう。こうなると、ティーから2打目地点への移動時間は差し引き40秒のみ。これでは走っても間に合わない。200mを4㎞／hで歩いたとして、最低でも移動に3分はかかる。

4人同時に打つことはできないから待ち時間もあり、実際に使える時間はもっと少ない。だから、プレショット・ルーティーンなんてクソくらえで、「3秒以内に打て！」がプレーの進行からしても当たり前なのである。

プロの競技は生活もかかっているから、それなりに時間が与えられているが、アマチュアのプライベートラウンドではそうはいかないということに、私たちは気づくべきなのではないだろうか。

儀式の長いプレーヤーは、たとえいいショットを放ったり、長いパットを入れたりしても、あまりほめられることはない。みんな、「あ〜、やっと打ってくれたか」と辟易してしまっているのだ。

リズムよく、早いプレーのゴルファーは、ミスが多くても決して疎まれることはない。プレーが早いことは、それだけで同伴プレーヤーの気分をさわやかにするからだ。

いいプレーヤーほど、他のプレーヤーがトラブルなどで時間を使ってしまったら、自分のプレーや歩行を早くして進行を遅らせないように気配りをする。そのため、急ぎすぎてしまってミスすることもあるが、もちろん他人のせいにはしない。

遅いプレーヤーは、自分のせいで他のプレーヤーに影響を与えてしまっていることに気づかない人も多い。悲しいことだ。

倉本プロは師匠に教わった「3秒以内に打て！」をさらに進化させ、「**3歩でアドレス、3秒で打つ**」と自著のなかで言っている。

倉本プロでさえそうなのだから、アマチュアのプレショット・ルーティーンなど、その程度で十分なのではないだろうか。

⑫ 開き直ることも、ときには必要なんだ。

——中部銀次郎

7番で打つか8番で打つか

無理な狙い方はせず、波風を立てず、淡々とラウンドを進め、終わってみたらパープレー……中部銀次郎さんのプレースタイルは、そんなふうだったと伝えられている。

そんな銀次郎さんに開き直ることなどあったのだろうかと疑問に思うかもしれないが、ご本人がおっしゃっているから間違いない。

しかし、銀次郎さんのそれは、アベレージゴルファーが「よ〜し、ここは一発開き直って！」と池越えのショートカットを狙ったり、林の中から狭い空間を狙って打ったりするようなヤケクソの開き直りとは異なる。

ラウンドしていると、ティーショットからホールアウトまで、すぐにしっくりとアドレスができ、なんの迷いもなく打っていけるホールがあったりする。そういうホールではよどみなくショット、アプローチ、パットと進み、すんなりパーがとれるものだ。

しかし、18ホールすべてでそううまくいくことは、ゴルフではあり得ない。どうも狙いどころが定まらない、狙いどころはわかってもそこへ向かって立ちづらい、残りの距離が中途半端でクラブ選択に迷う……などなど、ゴルフにはしっくりこないことがしょっちゅう起こる。

そんなとき、たいていのゴルファーは開き直れずに迷いを持ったままプレーを続けているのではないか、と銀次郎さんは言うのである。

ゴルファーに迷いはつきものだが、迷いを持ったまま中途半端なメンタルでショットやパットをした場合、かなり高い確率でミスになる。どなたも経験があるだろう。

たとえばＰａｒ３のティーショットでも、Ｐａｒ４のセカンドショットでもいいが、グリーンまでの距離が中途半端で、７番では大きいが８番では小さい、というようなシーンがある。

このようなとき、８番を選択した場合には「届かないとバンカーに入るかもしれない」

とか「ショートしたときのことを考えて、花道のほうへ打ったほうがいいかな」といった迷いが出てくる。

逆に「大は小を兼ねる」と7番を選択した場合も、「オーバーはアプローチが難しくなるから加減しないといけないかな」とか「軽く打ったら当たりがよすぎて、かえって飛ぶこともあるんだよな」などと悩み、結局どちらを選んでも頭の中は迷いでいっぱいになってしまう。

迷いを持ったままプレーすると、ミスをする。経験上よく知っているはずなのに、同じような場面に出くわしたとき、やっぱりどっちつかずのままプレーしてしまう。

とはいえ、2本のクラブを混ぜて7・5番にすることなどできないのだから、プレーを進めるにはやっぱり決断を下すしかない。そのときに開き直れるかどうか、そこが重要なのだ。

「**失敗したら失敗したでいいと、そういう開き直り**」と銀次郎さんは言う。

迷ったら小さいほうのクラブを選ぶべき理由

クラブ選択に関しては、

「少し大きめのクラブでやさしく打つ。それがゴルフのコツ」（ドン・ジャニュアリー）

「私は、どのアイアンを使おうかと迷いを感じたときには、必ず大きいほうのクラブを選んで楽に打つことにした。そして、その結果が悪かったためしは、めったになかった」（ヘンリー・ピカード）

　というような名言もあることから、「大きいほうを選ぶ」のが一般的かもしれない。“Never up, never in.”ではないが、グリーンに届かなければオンしないと考えれば、それが正しいようにも思える。

　ただ、銀次郎さんは「**大きいほうのクラブでミスをしたときのほうが、納得がいかないことが多い**」とおっしゃる。

　大きいほうのクラブで打つ場合、そのまま普通に打てばオーバーの危険があるから、少し力を抜いて軽く打つことになる。ところが、肩の力が抜けたら意外にいいスウィングができて、思いのほか飛んでしまった……ということもアベレージゴルファーにはありがちだ。

　一方、「少し加減しなくては」と思うことで筋肉が萎縮し、当たりが悪くなってショートしてしまうというミスもやはり出る（これは上級者でもよくやる）。

つまり、大きいほうのクラブで打つと、オーバーとショートの両方のミスが出てしまう可能性があるのだ。

すると、「オーバーするならやっぱり8番にしておけばよかった」とか、「どうせショートするなら8番でしっかり振ったほうがよかった」という後悔が残り、ミスに納得できないのだそうだ。納得できないまま次のアプローチショットを打って、成功することもまた少ないだろう。

一方、小さいほうのクラブで打った場合はどうだろう。飛距離不足気味のクラブで打てば、ナイスショットでもピンの手前にオン、ミスしてもショートになるだけだ。オーバーもショートも出る大きいクラブと比べ、ショートしかしないというシンプルな結果が予測できる。単純化されるのである。

そうすると、グリーンに乗ったらピンの手前でよし、届かなかった場合でも「ちょっと当たりが薄かったからこんなものかな」と納得できる。そうなれば、グリーン手前からのアプローチショットは比較的やさしいから、寄ることも多くなるものだ。

「失敗したら失敗したでいいと、そういう開き直り」とは、どうやら「失敗したときに納得できるような開き直り」という意味のようである。決して、自暴自棄になってギャンブルすることではないのだ。

クラブ選択で迷ったら、ミスしたときに必ずショートするほうのクラブを選ぶ。これは、「ピンを一度もオーバーせずにホールアウトするのが理想的」という、銀次郎流ゴルフの極意といえるかもしれない。

納得したうえで開き直ろう

ゴルフシーンで迷いが生じることは、まだ他にもあるだろう。ティーショットで、フェアウェイの左側が安全でパーがとりやすいとわかっていても、どうにもその方向へ向かって立ちにくいということがある。

周辺の風景や風の強さ・向きなどを肌で感じて、なんらかの危険信号を感じているのかもしれないが、しっくりこないまま打ってしまっていいことはあまりない。

そんなときも、「右側でもどこでも、フェアウェイならいいじゃないか」と開き直れば、フェアウェイの真ん中に向かってアドレスできる。すると、アドレスしたとおりにセンターへ飛ぶことが多くなるはずだ。開き直って決断したうえでの結果であれば、ラフに入ったとしても、納得して次につながっていくだろう。

もっとも迷いが多いのはグリーン上かもしれない。「曲がるのか？　曲がらないのか？」など、ほとんどのパットで迷うのではないだろうか。

明確にどちらかへ曲がるとわかるような傾斜でも、今度は「どの程度曲がるのか？」で迷う。迷わずに打てるのはタップインの距離だけかもしれない。

ここでも、「失敗したら失敗したでいいと、そういう開き直り」がいいのではないか。ラインは毎回正確に読めるものではない。開き直って決めたラインなら、入らなくても仕方ないと決断してしまおう。

そうすれば、いいストロークをすることだけに専念できるから、タッチとラインが合ってカップインする僥倖《ぎょうこう》に恵まれるかもしれない。

銀次郎さんは、「**迷いが生じたら、いつまでも悩んでいずに、思い切りよく決断を下してみる。そういう開き直りも大切だと思います**」と言葉を結んでいる。

自暴自棄になる開き直りではなく、納得ずくの開き直り。難しいメンタルコントロールだが、うまくできればスコアアップは間違いないだろう。

⑬ 誰が“Far and Sure”（より遠くへ、より正確に）などとタワ言をほざいたんだ。その山師のおかげでオレの人生散々だ。

――クエンティン・タランティーノ

矛盾する“Far and Sure”を実現したいゴルファーの性

映画監督、脚本家、俳優としてハリウッドで活躍するクエンティン・タランティーノは、その型破りな映画製作の手法から鬼才とも呼ばれ、彼の作品は「好き」か「嫌い」にはっきり分かれるようだ。

そんなタランティーノもゴルフにハマっているようで、冒頭の辛辣な名言を残している。ゴルフと人生はたびたび比較されるものだから、タランティーノが「オレの人生散々だ」と言ったのは、ゴルフが散々だったのを、彼流に置き換えたと思われる。

“Far and Sure”は矛盾をはらんだ理想論で、結局のところ「二兎を追う者は一兎をも得ず」で散々な結果となることを、タランティーノ流に「誰がほざいたんだ」と叫んだのだろう。

さて、この“Far and Sure”とほざいた山師は誰かというと、15世紀のスコットランド王、ジェームズ2世陛下なのである。

ゴルフの発祥はイングランドだと主張する2人の貴族に対し、起源はスコットランドにありとするジェームズ2世は、決着をつけるべく、この2人の貴族とベストボール・フォーサムの対決をする。

このときジェームズ2世がパートナーに選んだのは、町で一番の名手と言われていた靴職人だったのだが、この靴職人が見事なプレーを見せ、スコットランド組が圧勝した。ジェームズ2世は勝利を喜び、この靴職人に賭け金の半分と名誉の文字を刻んだレリーフを贈ったと伝えられている。このレリーフに彫られた文字が“Far and Sure”だった。

以来ゴルファーは、この相反する2つをいっぺんに両方とも達成しようと涙ぐましい努力をすることとなったのだから、ある意味では罪な名言を刻んだものである。

プロゴルファーなら、もちろん“Far and Sure”を目指すべきだろう。全盛期のタイガー・ウッズはもっともそれを具現化できていた、飛び抜けた存在だったように思う。

プロはたゆまぬ練習とトレーニングをしているので、ほとんどフェースの芯でボールをとらえ、毎回ほぼ同じスウィングをすることができる。一方、一般のゴルファーはシングルの人でも打点はバラつき、スウィングも一定というわけにはいかない。その程度の練習やトレーニングしかしていないから、技術的にも筋力的にも無理なのだ。

そのレベルで“Far and Sure”を実現しようとしては、タランティーノの言うとおり散々な結果を招くだけであろう。だが、それでもなお、飛ぶと聞けば10万円近くもするドライバーをこぞって購入する……“Far and Sure”に近づきたいと思うのは、ゴルファーの性《さが》なのかもしれない。

飛ばすための4つのスウィング改善法

さて、Farのほうを実現するには、つまるところインパクトでのヘッドスピードを上げるしかない。トレーニングをして筋力アップするか、効率的なスウィングを目指すことになる。

筋力をアップさせるのは、地道で根気のいる日々のエクササイズが必須だから、なかなか続くものではない。よって、多くの一般ゴルファーは、スウィングを改善して飛ばせるようになろうとする。

飛ばすためのスウィングには、大きく分けて次の4つのポイントがある。

①左右の体重移動を大きく、助走距離を長くし、ヘッドが加速していく時間を長くすることで、インパクト時のヘッドスピードを上げる

②腰の回転を大きく使い、回転力の強さを増すことで、インパクト時のヘッドスピードを上げる

③トップを高い位置へ上げ、ダウンスウィングではひざを曲げ、沈み込むようにして重力を利用することで、インパクト時のヘッドスピードを上げる

④ダウンスウィングで左足を踏み込んで得られる地面からの反力を回転のスピードアップにつなげることで、インパクト時のヘッドスピードを上げる

以上のどれかをおもに行い、その他を複合的に加えることで、各人に合った飛ぶスウィングを見つけていくことになる。

樋口久子プロや中村寅吉プロは①の体重移動が大きいタイプだったが、バックスウィン

グで目がボールから遠ざかるので、芯に当てにくくなる副作用は避けられない。

ベン・ホーガンやゲーリー・プレーヤーは②のヒップターンを使うタイプだった。これも一般ゴルファーは腰が開いたインパクトになりやすいので、左サイドにストッパーをかけるテクニックも体得しないと大スライスの副作用が出る。

ジャック・ニクラスやトム・ワトソンはニーアクションが大きく沈み込むので、③の重力活用タイプだろう。これは上下動が大きくなるのでダフり、トップの副作用がある。

最近のＰＧＡツアープロに多いのは、④の地面反力利用のタイプだ。ローリー・マキロイやジャスティン・トーマスなどが代表格だが、地面からの反力でひざがピンと伸びることから、体が起き上がりやすいという副作用がある。

ハーヴィー・ペニック翁が「**ゴルフのクスリには副作用がともなう**」と名言を残したとおり、飛距離アップのクスリにも副作用がともなうのだ。

必要最小限のスウィングの動きで正確ショット

一方、Sureのほうはどうだろう？　もっともSureなスウィングはパッティング・ストロークだ。体重移動はしない、回転も小さく弱い、上下動もさせない、踏み込んだりするフットワークもなし。

つまり、飛ばすためにしているような動きは一切やらず、できるだけ小さな動きでヒットすることがSureな結果を得るわけだ。

だから、アプローチショットも大きく振るロブショットより、パッティングの延長で小さなテイクバックだけで済むランニングアプローチのほうがSureである。

アイアンショットもアプローチショットの延長で、スリークォーターに近いコンパクトなバックスウィングの「ライン出し」が、フルショットよりSureで有効なのである。

実際、プロであっても、ライやコースレイアウトの状況を見て、なるべくならばSureなほうのショットを選択しているように見える。

モー・ノーマン、カルビン・ピート、リー・トレビノ、杉原輝雄など、飛距離よりも正確さで勝負してきたプロは、例外なくスウィングの動きを最小限にとどめ、Farを欲張らずSureを徹底してしばしば勝利した。

こう考えると、プロもアマも“Far and Sure”を求めているのは、ドライバーショットだけなのではないだろうか？

「飛距離はファーストアドバンテージ」と尾崎将司プロが言っているとおり、ドライバーショットで飛ばすことができれば、残りのグリーンまでの距離が短くなるから有利になる。

「もちろんロング・ドライブが有利であることは確かであり、またそうあるべきだ。だが同時に、長打が有利であるためには、それがまっすぐでなければならないことも確かだ」（ロード・ブラバズン・オブ・タラ）

この名言も、「本当はSureのほうが優先だが、ドライバーだけはFarも付け加えたい」という心情を表しているように思える。だが、ドライバー以外のクラブでのショットにはFarは不要ではないだろうか。

Sureには「確実」というニュアンスがあるので、“Sure and Accurate”（確実に、正確に）のほうが、とくにアイアンショットでは合っているように思う。

「『飛距離』は捨てても9割残る。『方向性』を捨てたら何も残らない」（ナサニエル・クロスビー）

本当は、ドライバーもこの名言を念頭に置きたいところなのかもしれないが、いかんせんゴルファーの飛ばしたい病気にはつける薬がない。だから、アマはドライバーだけはせいぜいかっ飛ばして、楽しんでもいいだろう。しかし、その他のクラブではFarのほうは引っ込めるのが、スコアを散々にしない肝なのである。

⑭ 初心者が十分にピボットしないのは、恐怖観念のためである。

—— チャールズ・ムーア

バックスウィングで重要なのは肩の回転

アメリカ出身のチャールズ・ムーアは、ゴルフの心理研究で知られた。この言葉は、彼の著書 *The Mental Side of Golf* に出てくる。

「初心者が十分にピボット（回転）しないのは、体を回すほどボールから遠ざかるような恐怖観念のためである」

ピボットと聞くと、バスケットボールで、片足をコンパスの軸のようにして体を右に向けたり左に向けたりする動作が思い浮かぶが、実際には体全体の回転を表す。要するにワインド・アップする（ねじり上げる）ことで、ゴルフでは古くから用語として存在するようだ。

ゴルフの本家・イギリスの用語辞典には、「ピボットとはバックスウィングでクラブ・ヘッドと同時にスタートしてトップ・オブ・スウィングに到達するまで続けられる体全体の緩慢な回転のことで、その主要なポイントは肩と腰であるが、完全なピボットを行う重要な鍵はむしろ肩である」となにやらわかりづらい定義がされている。

ここで大事なのは、「バックスウィングにおける回転で重要なのは肩だ」という部分なのではないかと思う。腰を意識的に回転しようとすると、スウェーやオーバースウィングを招きやすいので、肩の回転のほうに意識を持ってバックスウィングするのがいいようだ。

一般的には、肩が90度回転したら、腰は45度回り、そのねじれの差がダウンスウィングでのスピードを生むといわれている。

肩は回すが、腰は回さないほうがねじれの差は大きくなる。ブンブン丸の異名をとり、飛ばし屋でならしたフレッド・カプルスは、肩は90度以上回っているのに、腰はほとんど正面を向いたままという驚異的なねじれ差を体現していた。

これは体の柔らかいカプルスならではで、一般ゴルファーには無理だろう。肩を意識して十分に回し、腰はそれに連動させ、自然に回る程度でよしとしよう。

ゴルフは本能に逆らうゲーム

ピボットにおける肩の回転の重要性は、近代スウィングの始祖ハリー・バードンも説いている。

「バックスウィングは、肩・腰・ひざ・足（首）を含めた体全体を、背骨を軸としてあたかも螺旋（スパイラル）のように、できる限り回転させなければならないが、それをリードするのは左肩である」

さらに、**「ピボットこそはゴルフの最大の秘訣であるが、スウェーをしたり体重の移動（シフト）を誤ると、正しいピボットはできない」**とも言っている。

たしかに正しいピボットは、再現性の高いスウィングを可能にし、かつ速い回転を生むには重要だ。ところが、肩を十分に回転させられない一般ゴルファーは意外に多いように思う。

そのパターンは2つある。ひとつは、バックスウィングと同時に手を高く上げようとして左肩を下げてしまい、それで肩が回ったと錯覚しているケースだ。これだと、たしかにクラブは高い位置へと持ち上げられているが、体の捻転はほとんどなく、左肩が落ち、左ひざが折れているだけで、ねじり上げによるパワーの蓄積がない。

回転ではなく上下動だけでクラブを動かしているので、腕の力に頼る部分が多く、再現性もパワーも乏しいということになる。

もうひとつは、冒頭の名言のとおり、恐怖観念という心理的な要因が十分な肩の回転を邪魔しているというものだ。

ゴルフスウィングは、本能に逆らうようなことが多いといわれている。ボールを飛ばしたいのに「肩の力を抜け」「ゆっくり振れ」、右利きなのに「左腕で打て」、前方へ打ち出したいのに「頭は後ろに残せ」……などなどだ。

恐怖も本能のひとつだろう。ゴルファーにはミスをしてしまう恐怖があり、その不安と恐怖から早く逃れたいという心理によって、急いでバックスウィングしてしまうのだ。性急なバックスウィングは、ミスショットを招く一番の原因といってもいいだろう。

ピボットにおいても、左肩を深く回そうとすると、顔もそれにつれて回るため、目がボールから遠ざかることになる。すると、せっかくアドレスで決めておいたボールと目との間隔が変わってしまうので、そのズレが原因で当たらなくなるのではないかという恐怖心が生まれるのだ。

実際には、多少ボールから目が遠ざかっても、軸がぶれずに回転していれば、アドレスでイメージしたインパクトになりやすいのだが、なかなかそうは思い切れない。

結果として、目がボールから遠ざからないように、小さなピボットでスウィングしてしまうことになる。そうすると正確にヒットできることが多くなるかもしれないが、アプローチショットに毛が生えた程度の飛距離しか出ない。

このようなスウィングになってしまう要因こそが恐怖観念だと、心理研究者のムーアは分析したのである。

コースで恐怖に打ち勝つには

ならば、どうすればその恐怖観念に打ち勝って、肩を十分に回すことができるのだろうか？

それには、身も蓋もない言い方かもしれないが、練習で自信をつけるしかない。背骨を中心にピボットすると、その回転につれて顔は少し右を向くのが普通だ。それでいったん目はボールから遠ざかるが、ピボットの中心軸は動いていないので、ダウンスウィングを始めればすぐにアドレス時の目の位置に戻ることが可能なのだ。

これを理解して体得できれば怖くなくなるはずだが、実際の練習では、ボールを置かずにスウィングしてその感覚をつかむほうが、いいピボットといいスウィングを感じられるだろう。

　ボールを置いて、それに向かってスウィングすると、どうしても「当てる」ことに意識がいってしまうが、ティーや枯れ葉に向かってスウィングすれば、当てにいかずにインパクト・エリアを振り抜く感覚を得られるはずだ。

　また、ボールを打たないのなら、目が遠ざかってもそれに恐怖を感じる必要もなくなるので、よいピボットがしやすいはずだ。

　そして、よいピボットができることに確信を持てたら、実際にボールを打ってみよう。練習場なら当たりが悪かろうが、曲がろうがスコアには関係ないので、ボールがないときと同じように振ることができるだろう。練習場でここまでやって自信をつけたら、実際のラウンドでも同じようにピボットできるはずだ。

　しかし、それでもコースへ出ると恐怖観念が湧き上がってしまうかもしれない。考えてみれば、ゴルフはピボットだけでなく、あらゆる場面で恐怖と戦わなくてはならないのだ。

　OBやウォーター・ハザードが視界に入るとき、バンカーで「出ないのでは？」と感じるとき、アプローチショットでザックリやるのではと不安なとき、ショートパットで入れたいけど曲がりそうなとき……などなど、不安と恐怖にかられるシーンは多い。

だからこそ、これらの恐怖観念に勝って、いつものストロークができるだけで、スコアはかなり違ってくると思われる。

中部銀次郎さんは、この恐怖観念に打ち勝ち、心に余裕を持たせるためにはどうすればいいか、次のように言っている。

「**いかなる局面でも、自分を支えてくれる心の余裕は、最終的には自分が積んだ練習の量から生まれてくるものである**」

やはり、練習しかないのである。しかし、多くのアベレージゴルファーには仕事や家庭があるのだから、それだけの質と量の練習をこなすことはできないだろう。むしろ一般ゴルファーには、次の名言のほうが実践的で参考になるかもしれない。

「**ベストを尽くして打て。その結果がよければよし、悪ければ忘れよ**」（ウォルター・ヘーゲン）

一般ゴルファーは、目の前の一打一打に集中して、そのショットにベストを尽くそうと心がけることが、恐怖観念を忘れさせてくれるのかもしれない。

⑮ 打つまでは、まだ失敗していない。

――トム・モリス・シニア

打つ前にミスすることを考えると、そのとおりの結果になる

トム・モリス・シニアは、セント・アンドリューズのグリーン・キーパー兼プロで、初期のゴルフ界最高の名手だ。全英オープンでは4度優勝している。

全英オープンには1896年まで出場した記録が残っているので、75歳までトーナメント・プロだったことになる。

サンディ・ハードもそうだが、この時代の人が古稀を過ぎても現役ゴルファーであったことを考えると、寿命が延びた現代なら70歳程度はまだまだ老け込む年齢ではないと思えて、励みになる。

モリスは世界初のプロゴルファーであるアラン・ロバートソンに弟子入りし、師匠をもしのぐ腕前となった。同時にボールの製造、グリーン・キーパー、コース設計・改造と、ゴルフに関することならなんでもやる多才であった。

ある日散歩をしていたモリスは、セント・アンドリューズ市の水道管が転がっているのに目を留めた。10・８㎝の直径がなんともよさそうに思えたのだ。

さっそく、水道管を適当な長さに切ってカップに埋めてみたところ、実に具合がいい。これが、それまでコースによってまちまちだったホール・カップの大きさが10・８㎝に統一されるきっかけとなった。その後、鉄製の二重底にする工夫を加え、カップインの際にいい音が鳴るようにまでしたのだから、たいしたアイデアマンである。

「**ゴルフでは、得意の絶頂から奈落の底に転落するなど、珍しくもない。まさに人生そのものだね**」という名言も残している。皮肉にもその言葉どおり、直前まで元気に仕事をしていたモリスは、階段から足を滑らせて頭を打ち、それがもとで１９０８年５月に亡くなった。

冒頭の名言は、モリスのものでは〝**Never up, never in.**〟に次いで有名だ。まだ打ってもいないのに、多くのゴルファーがミスしたときのことを先回りして考えてしまい、結果そのとおりにミスしていることをうまく表現している。

関西のドン、杉原輝雄プロも、**「曲がったら曲がったときに考えろ。まずは攻めることだ」**と若手プロに教えたそうだ。打つ前から曲がったときのことを考えているようでは、プロとして心構えがなっとらんというわけだ。

否定形ではなく肯定形でイメージする

たしかに、打つ前にミスすることを想定すると、そのとおりのミスをやらかしてしまうということはよくある。

「打つ前にミスを考えると、設計図どおりのミスになる」（ミッキー・ライト）

ミッキー・ライトもこのような言葉を残しているが、なぜそうなってしまうのだろうか？　これは、どうも人間の脳の特性に関係しているらしい。

人間の脳は、シャレではないが「ＮＯ」を理解できないようになっているというのだ。つまり、否定という概念を持っていないようなのだ。

たとえば、「ゴルフコースのグリーンの色をイメージしないでください」と言われたとする。みなさんは緑色を思い浮かべずに済んだだろうか？　かえってイメージしてしまったのではないだろうか。

「○○しないで」「○○してはいけない」「○○はＮＯ！」と否定しても、脳はそれを理解できず、イメージとして持ってしまうようだ。

ゴルフコースでの実戦では、「右はＯＢだから打ってはダメ」「目の前が池だから、トップボールは打たないように」と否定形の考えを持ったままアドレスすると、右のＯＢや前の池のイメージだけが残ってしまう。そのまま打てば、ボールはＯＢや池へ……ということになるわけだ。

では、どうすればよいか。右サイドがＯＢで左サイドは安全なら、「狙い目はフェアウェイの左サイドのあたり」とターゲットをはっきりさせ、「もっと左へ行ってしまってもいい」と肯定形で考えることだ。

そうすれば、イメージしたとおりにフェアウェイの左サイドか、悪くともそのさらに左のラフでおさまるだろう。

また、最悪のケースを予想して、実際にその事態になったとしても、ほとんどの人は「やっぱり予想どおりだった」というふうにショックを和らげようと心理的に備える傾向がある。ゴルフでは「この芝が薄いライではダフってしまいそうだ」「ミスヒットでバンカーに入りそう」「３パットしそうなラインだなぁ」という類の予想だ。

実際にダフったり、バンカーへ入れたり、３パットしても、「ほら、思ったとおりだ」と大ショックを受けないようにしているのだが、これも予想どおりになりやすいのは脳の特性による。

脳は安心感を求めるのだそうで、「予測どおりの結果」という安心を求めて、無意識にそれを叶えてくれてしまうのだ。

脳が求める「安心感」に抗え！

たとえば前半が絶好調のとき、「どうせ平均の法則が働いて、後半は乱れるのだろう」と予測してしまうことがあるだろう。人間は不思議な生き物で、慣れない絶好調は普通ではないので不安（脳が不快）になるのだ。

そして、その不安が「後半は乱れるだろう」という予測を生み出し、実際にそのとおりになって安心してしまうのだ。これでは、いつまでたっても１００の壁や90の壁は乗り越えられない。

では、上級者はどうやってその壁を乗り越え、ひとつ上のレベルへと上がっていったのだろうか。脳が安心を求め、現状維持が快適と考えてしまうシステムは、誰もが同じように持っていて、上級者といえどもそれに抗することはできないはずなのに。

ここはやはり、名手たちの言葉を聞いてみよう。

「ベストをつくして打て。その結果がよければよし、悪ければ忘れよ」（ウォルター・ヘーゲン）

「スタンスをとってしまえば、すべてが決定したのだ。なすべきことはただひとつ、ボールを打つの一途《いっと》あるのみ」（レズリー・ショーン）

「できるだけプレーを単純化し、それに集中し、効率的にプレーすることが、偉大なプレーヤーたちに共通する点である。多くのプレーヤーは、細かいことにこだわって自滅している」（トミー・アーマー）

ここから導けるのは、まず目前のショット・パット以前に起こったことは忘れろということだ。やり直せない以上、悪かったことはもちろん、よかったことも余計なリキみを招いたりするので、忘れたほうがいい。

そして、ミスの予測はせずに、目前のショットを成功させることだけに集中する。これで余計な「予想どおりのミス」は防げるようになるはずだ。

ショットごとにこれを意識し、やるべきことに集中して淡々とプレーを進めていけば、気がついたら壁は越えられていることだろう。

一度その壁を越えてしまえば、セルフ・ダウトとかメンタル・ブロックと呼ばれるマイナス思考は崩れるので、それまでどうしても越えられなかった１００や90の壁が何度もクリアできるようになり、自信へとつながっていくだろうと思う。

「『失敗を恐れない』という姿勢では弱い。『必ず成功させるのだ』という強い意志を持て」（ジャック・ニクラス）

この名言も、「失敗を恐れない」という否定形を超えて、「必ず成功させるのだ」と肯定形にして考えることをすすめている。モリスの「まだ失敗していない」よりもさらにポジティブな心の持ちようといえるだろう。

⑯ ゴルフで油断が生まれるもっとも危険な瞬間は、万事が順調に進行しているときである。

――ジーン・サラゼン

なぜバーディ直後のホールで大たたきしてしまうのか?

ジーン・サラゼンは、プロ初のキャリアグランドスラム達成者として、またサンドウェッジの発明者として知られている。

1935年の第2回マスターズ。最終日、15番Par5のセカンドショットで4番ウッドを使用して達成したアルバトロスはあまりに有名だ。16番以降も舞い上がることなく慎重にプレーを続け、アルバトロスを生かした大逆転でこの年の優勝者になった。

これを記念して、15番のグリーン手前にあるクリークを渡る橋はサラゼンブリッジと名付けられ、今日にいたっている。

朝一番のティーショットがなんとかうまく打てて、セカンドショットもまずまず、ピンまで10mほどに乗った。そしてパットがイメージどおりのタッチとラインに乗ってカップイン。

このように、順調この上ない「おはようバーディ」でスタートしたはいいものの、意外にもその後は乱れてひどいスコアになった……そんな経験はないだろうか？

朝イチでなくとも、途中でベタピンについたとか、アプローチが絶妙でそのままチップインしたとか、いいことが起こったあとのホールでなぜかトリプルボギーなんていうのも、アベレージゴルファーにはありがちな話である。

サラゼンの言葉どおり、ゴルフのゲーム中には「好事魔多し」現象がたびたび起こる。それは技術に問題があるわけではなく、「油断」などの心理面が要因となっている。

プロの場合は、ひとつのバーディから、いわゆるゾーンに入ってバーディラッシュということもあるが、アベレージゴルファーの場合は好事が継続することは少ない。いい結果を出したショットやパットが打てたときの心の状態を継続できていないから、グッドショット、グッドパットが続かないのだ。

身についた技術というものは、1ホールでレベルが下がったりするものではない。バーディのあとには心が高揚して普段より興奮状態になるものだが、それが収まらないうちに次のホールをプレーしてしまうから、魔が忍び寄ることになる。

バーディがとれたすぐあとのホールでトリプルボギーをたたく現象は、こうして引き起こされる。そうすると「夢よもう一度」とばかりに、またグッドショット、グッドパットをつないでバーディで取り返そうと意気込んでしまう。

その後はずっと意気込みばかりが空回りして、結果としてスコアは悲惨……ということになる。せっかく「おはようバーディ」が来たのに、スコアは今期ワーストだったなどというのも、同様の心理面の乱れが原因なのである。

いいショットのあとも、ミスショットのあともリセットする

伝説のアマ・中部銀次郎さんは、「**1番ホールはできれば平凡なパーがいい。それも、パーオン2パットよりも、簡単なアプローチが残って、それを難なく寄せてパーというスタートが理想的です**」と言っている。

そのほうが心に妙な波風が立たず、淡々とした心理状態のままプレーできるからだそうだ。

それでも、幸か不幸かバーディでスタートすることもある。そういうときはどうしていたかというと、2番ホールが最初のホールだと思い直し、朝イチのティーショットのつもりでプレーするようにしていたそうだ。

銀次郎さんの場合は、このようにしてバーディで引き起こされた心の高揚や乱れを収束させ、安定したプレーを継続できたのだ。

アベレージゴルファーも、それぞれのやり方で心のリセット方法を身につけておけば、「好事魔多し」現象を回避できるのではないだろうか。

バーディがとれたとき、チップインしたときなどは、どうしても興奮した心理状態になるのは避けられないが、その後はそれを自覚してリセットすればいいのだ。

ミスショットのあとは、落ち着くために心をリセットするべきだとよく言われるので、意識しているアベレージゴルファーも多いと思う。好事の場合もそれは同じなのである。

そう考えると、アベレージゴルファーは毎ショット、毎パットにおいて、いったん心をリセットしてから臨むといいだろう。

うまくリセットするには、自律神経を副交感神経優位の状態に持っていくのがいいとされている。コースでできることとしては、次のような方法がある。

- 美しい景色や花などを眺めてリラックスする
- 下を向かず、上を向いて歩く
- 作り笑いでよいので微笑む
- 深呼吸する

ひとつのショットが済んで次のショット、アプローチ、パットへ向かう最中に、これらのことを常に行うようにしていれば、毎回心のリセットができるはずだ。そうすれば、ミスショットを引きずったり、好事のあとに大たたきしたりという出入りの多いゲーム展開を避けることができるだろう。

やさしそうなホールほど、心理的には危険が多い

土地が広いアメリカでは、これでもかというほどやさしくつくられた1番ホールがある。ゴルファーは朝イチのティーショットが苦手なものだから、心理的に楽にしてあげようという配慮なのだろう。

フロリダにあるパールズメドウの1番Ｐａｒ４は３３５ヤードと短く、鏡のように平坦なフェアウェイは１８０ヤードもの幅がある。左右にはＯＢもなく、林も池もない。さらにはバンカーもひとつもないのだ。

ところが、ハンディ15～25のアベレージゴルファーがこの1番ホールでパーをとる確率は、たったの36％に過ぎないのだそうだ。

どう考えても、やさしすぎるほどのホールなのに、それがスコアにそのまま反映されるというものではないと実証されたのだ。ゴルファー心理の、摩訶不思議で深い部分である。

プチエンボ・カントリークラブの1番ホールはさらにやさしく、ティーイングエリアからグリーンまで、ただただ滑走路のようにフラットな、なんと２００ヤード幅のフェアウェイが続いている。３７０ヤードと距離はパールズメドウより少し長いが、ＯＢ・林・バンカー・池などの障害物は何もなく、ラフさえもない。さらに、グリーンはどこから打ってもまっすぐなラインになるよう、傾斜がまったくつけられていないのだ。

ところが、支配人の話によるとパーをとる人は稀で、18ホールで一番パーがとれないホールだという。ティーからグリーンまでハザードもマウンドも傾斜もなく、どんなに曲げてもボールはフェアウェイなのに、である。

この支配人は、ゴルファーの心理を次のように分析している。

「まず、笑ってしまうほど広いフェアウェイを見て、ドライバーはマン振りするから曲がるかチョロになる。セカンドも、フェアウェイでライもフラットだから何がなんでもオンさせようとする。結果としてリキむから、ダフったりトップしたりのミスショットで乗らない。グリーンはどこからでもストレートラインなのに、ゴルファーは必ずどっちかに曲がると思っているから入らない。結局、パーがとれる人は少ないのです」

「好事魔多し」現象と同じく、まったくリスクのないことが、「何がなんでもパーをとるぞ」とゴルファーの心を興奮させ、失敗へと導くのである。

反面、距離が長く難しそうなホールでは無理してパーを狙うのではなく、「ボギーでも仕方ない」という心理になっているから、心は穏やかでリキみもない。結果、アプローチが予想外に寄ったりして、期待していなかったパーがとれたりする。

まったく、ゴルフというゲームは皮肉に満ちているものだ。だから面白くてやめられないのだが……。

第3章　フェアウェイで

⑰ すべての1打は、等価である。

——中部銀次郎

敗因はその1打だけにあるのではない

カップをのぞいているような数ミリのパットも1打、３００ヤードかっ飛ばしてフェアウェイに運んだドライバーショットも1打、どれも1打に変わりはない——。そういう意味だけでこの言葉をとらえると、あまり深いとは思えないかもしれない。

多くのアベレージゴルファーはコンペで優勝したりすると、「今日は朝イチのティーショットがナイスショットで、おかげで一日中うまくいきました」とか、「３番ホールのＰａｒ３でホールインワン寸前のショットが出てバーディ。あれで波に乗りました」なんていうスピーチをするものだ。

反対に、惜しくも準優勝に甘んじた人は、「まあまあよかったんだけど、15番でＯＢ。あれが痛かった」とか、「最終ホールでパーオンしたのに、痛恨の３パット。アレが敗因です」なんて言う。

しかし、よく考えてみてほしい。アベレージゴルファーは90〜１００打ぐらいは打つもの。そのたった1打が勝因になったり、敗因になったりするものだろうか？

たしかにプロの試合のテレビ中継などでは、「このドライバーショット次第で優勝が決まりますね」とか、「このアプローチ次第で優勝できないかも」とか、「このパットを入れたらほぼ優勝でしょう」なんて解説をよく聞く。

ところがプロの試合の場合は、４日間で72ホールもラウンドしたうえで勝敗が決まるのだ。ますます、その1打だけで優勝なんか決まるものではないと私は思う。

プロのテレビ中継で放映される最後の４〜５ホールは、それまでの67〜68ホールで積み上げてきたおよそ２７０ストローク、その一打一打のうえにある。終盤だけに1打の重みを感じやすいが、実際はそれまでの過程で打たれた一打一打にも同じ重みがあるのだ。

つまり、ゴルフというものは、その会心の1打だけでよいスコアになるわけでも、そのひどいミスショット1打だけで悪いスコアになるわけでもないということだ。

だから一打一打を振り返って、あれはよかった、これはひどかったと分析してみても、あまり意味がないのではないだろうか。

一打一打に一喜一憂しない

アベレージゴルファーであれば、1ラウンドを、ハンディを引いたネットパープレーを目標にプレーする。そのときに要した一打一打のすべてに、最終的に目標スコアで上がれたかどうかの要因がある。

２５０ヤード飛んだドライバーも、50ヤードのチョロも、10ｍが入ったバーディパットも、「お先に」をやって外した30㎝も、ザックリもトップもあれもこれもすべて同じ価値があり、その積み重ねでスコアは形成されると考えるべきなのだ。

会心のショットが打てたとしても1打、とんでもないミスショットをしても1打、そういうふうに考えていけば、一打一打に一喜一憂せず、穏やかに淡々とラウンドできる。結果として出入りの激しいゴルフにならず、落ち着いたスコアが並ぶことになるだろう。「すべての1打は、等価である」という冒頭の有名な言葉には、そのようなメンタルコントロール術としての一面が隠されているのだ。

プロのテレビ中継を見ていると、スーパーショットやスーパーアプローチ、劇的なロングパットばかりにクローズアップして映像を編集したりする。そういう映像ばかり見るものだから、アベレージゴルファーもベタピンのアイアンショットやチップインのアプローチを狙ってしまう。しかし、「すべての1打は等価」であるならば、そのようなスーパーショットや劇的なアプローチショットは必要ないのだ。

ドライバーで2打目がトラブルにならないような位置へ運び、アイアンはグリーン周辺のハザードを避け、グリーンセンターや花道へ運ぶ。

アプローチも次のパットが楽な上りのラインを残すように運び、パッティングも強引にねじ込まず、3パットを極力避ける。

このように淡々と穏やかにラウンドすることが、安定してよいスコアにつながるのであって、そこにドラマチックな要素は必要ないと銀次郎さんは言っている。

それでも1ラウンドの長い間には、ミスしてピンチになったり、はからずもピンに近い位置へ乗ってバーディチャンスが来たりすることもあるだろう。

だが、そういうピンチでもチャンスでも、心をざわつかせないことが肝心だ。ピンチを脱しても1打、さらにピンチを招いても1打、バーディパットが入っても1打、外しても

1打。そう考えて平常心を保ちたい。

タイガーのポーカーフェイスには意味がある

２０１９年のマスターズで劇的な復活優勝をしたタイガー・ウッズは、常に無表情だった。

唯一苦笑いをしたのが9番ホールで、ピンから一番遠い3段グリーンの奥へ打ってしまったときだったが、そこも見事なアプローチパットで30㎝に寄せ、淡々とパーで切り抜けた。そこからは、最後のパットをタップインして優勝が決まり喜びを爆発させるまで、ポーカーフェイスを崩さなかった。

2位のブルックス・ケプカと2打差で迎えた最終72ホール目、ボギーでも優勝できる状況のなか、タイガーは危険を慎重に排除し、淡々とボギーをとった。

「すべての1打は、等価である」ことを知り尽くした、タイガーならではの最終ホール。心に深く残るシーンだった。

2位タイになったケプカやダスティン・ジョンソンも終始表情を変えずにプレーしていたし、古くはベン・ホーガンも、ラウンド中に発したのは「**君のほうが遠い**」の一言だけだったというエピソードで有名なほど無愛想だった。

稀にリー・トレビノのように、周囲としゃべりまくりながらオン－オフを上手に切り替えてプレーする選手もいるが、多くの名手は総じて無口で無表情なものだ。

すべての1打に同じ重みがあることを知り尽くしている名手たちは、どの1打にも同じだけの重きを置いて慎重に、それでいてよどみなくプレーする。

一方、アマチュアのアベレージゴルファーが遊びでゴルフをするのに、それでは堅苦しいと思われるだろうし、そのとおりだとも思う。ただ、スコアをよくしたいと思うならば、楽しい会話をしながらのラウンドもいいのだけれど、それは適度に抑えて一打一打に集中することも必要だ。

ベン・ホーガンに代表されるような無愛想に近いポーカーフェイスは、さすがに競技ゴルフの世界だけだろう。しかしアベレージゴルファーであっても、「すべての1打は、等価である」と考えて一打一打に集中するのは、スコアアップに大事なことなのである。

マスターズの優勝会見で、タイガーは「**最終ホールはパーをとりたかったけどね。今日はすべてのショット、パットで自分ができることをやりとげることばかり考えていた**」とコメントしていた。それが、72ホールのスコアとして積み上げられ、タイガーの劇的な復活優勝につながった。

すべての1打を等価と考え、すべてのショットに最善を尽くそうとするメンタルのありようが、いいスコアにつながる。プロとアマの違いはあっても、それがゴルフというゲームの本質なのではないかと思う。

ただし、銀次郎さんは「**ラウンド中はミスショットも等価と考えて受け入れるが、ラウンド後は厳しく反省して練習に汗を流すことは、言うまでもありません**」とも言っている。

これもまた、忘れてはならない真理なのだと思う。

⑱

2サムは好きです。早く終わるので。
1サムでも回ってみたいです。
スピード記録を出したい（笑）。

——渋野日向子

世界で絶賛された渋野プロの“Play Fast”

2019年8月、渋野日向子プロが、初挑戦の海外試合、それもメジャーの全英女子オープンで優勝した。樋口久子プロ以来、実に42年ぶりのメジャー優勝に日本中がフィーバー。プロテストに合格して1年しか経っていないルーキーが、見事にやってのけたのだ。

多くのメディアが彼女の偉業を称え、さまざまな勝因分析をレポートしていたので、私ごときが言うことでもないが、海外メディアがもっとも絶賛しているのは彼女の“Play Fast”だった。

「スマイリング・シンデレラ」と称される彼女の笑顔も魅力だが、その早いプレーぶりに称賛が寄せられたのは、昨今のヨーロッパツアー、アメリカツアーで侃々諤々《かんかんがくがく》の議論となっているスロープレー問題が背景にあるだろう。「彼女のようなファストプレーでもメジャーで勝てるじゃないか。スロープレーヤーは何をやってるんだ！」というわけだ。

「若くて怖いもの知らずだから」という声もあるが、彼女はジュニア時代からけっこうな経験を積んでいる。若いとはいえゴルフの怖さも知っていて、大舞台で緊張しないはずはないのだ。それでも決断が早く、小気味よいショットやパットでメジャー初優勝を成し遂げた。

１９４７年の全英オープンで優勝した北アイルランド出身のフレッド・デイリーは、１か月後の全英プロでも勝ち、その優勝コメントで「**俺はプレーが早いから、まったく疲れちゃいない**」と語った。

デイリーは簡潔なゴルフを身上とする男で、ドライバーからパットまで、フェースの向きを確認した瞬間、電光石火のごとく打ってしまい、結果がどうあれサバサバとしていたそうだ。

「ショットに時間をかけるのはマズいと思う。時間の経過とともに不安が這い上がり、ついにはパニック状態になったままクラブを振ることになるからだ。あっさり打てば、失敗

してもあっさり忘れることができる」

そう言ったデイリーは、「早いプレーは疲れない」ことも強調していた。それを証明したのが１９４７年の全英プロだ。

１、２回戦はあっさりと勝利したデイリーだったが、３回戦からは苦闘の連続となった。当時はマッチプレーで、３回戦の対戦相手、アラン・ポールトンはしぶといゴルフで食い下がり、18ホールを終わってイーブン。

その後、判で押したように同じスコアを並べた２人は、通算30ホールまで延長戦を繰り広げ、デイリーがロングパットを沈めてようやく決着した。

そのまま休む間もなく４回戦。デイリーの延長戦の決着を待っていた対戦相手はピーター・アリス、のちにゴルフ解説とエッセイの大家《たいか》となった男だ。

この４回戦も18ホールで決着がつかず、通算25ホール目でようやく振り切った。１日で55ホール（３ラウンド＋１ホール）を要し、これは全英プロの新記録となった。

次の準決勝も延長戦となり、23ホールの激戦。決勝は36ホールマッチだが、これまた延長戦となって45ホール目までもつれこんだ。

デイリーがようやく全英オープンと全英プロのダブル・チャンピオンとなったのは、合計１５９ホールもの長丁場の戦いの末であった。普通の人なら、試合が終わった途端に倒れこむほどであろうが、デイリーは平然として前述のコメントを発したのだった。

“Play Fast”はミスを引きずらず、疲れも少ないということをデイリーは身をもって証明した。

スロープレーは同伴者のメンタルに悪影響

スロープレーの問題は、本人は何も感じていない一方で、比較的早くプレーするプレーヤーのほうが、待たされることに苛立ったりしてメンタルの安定が保てず、崩れてしまうことにある。

つまり、スロープレーヤーとファストプレーヤーの間に、加害者と被害者の関係ができてしまうのだ。スロープレーヤーは損をすることはないが、ファストプレーヤーは損害をこうむることが多いというところに、不公平さを感じるのだろう。

スロープレーヤーとして有名なのは、ブライソン・デシャンボー、Ｊ・Ｂ・ホームズ、ジェイソン・デイ、ケビン・ナなどだが、過去に警告を受けて時間を計測されたプレーヤーはゆうに１００名を超える。

スロープレーヤーたちは、「コースが年々難しくなってきているし、風が強いときなどはあらゆる事態を想定してから決断するから、時間がかかるのは仕方がない」と理由を述べるが、“Play Fast”派は「考えるべきことは多いかもしれないが、ワンパットに3分もかけるのは狂気の沙汰だ」とバッサリだ。

どうやらスロープレーといっても、アドレスしてからが長いというわけではないようだ。打つ順番が来ているのにあれやこれやと状況の吟味が長くかかり、なかなかアドレスに入らないことがプレーを遅くしているらしい。

スロープレーが疑われる場合、その組（全員）にまず警告が与えられたあと、個々の選手のペースが計測される。ワンショットに費やしてよい時間は原則40秒だ。

モニタリングを行って時間超過が明らかな場合、1度目は注意だけでノーペナルティ。2度目で1打罰、3度目は2打罰、4度目で失格となる。

ところが、前記したスロープレーの常習者は、不思議なことに誰もペナルティを科されていない。1度目の注意以降は40秒ルールを守ってプレーしている——要するに、「やればできる」ということだ。

アベレージゴルファーの迷いすぎは無駄。リズムを大切に

ところで一般のアベレージゴルファーの場合、たとえ風、アンジュレーション、ハザードの位置などあらゆることを想定したり、対策を練ったりしたとしても、狙いどおりに打てることは少ない。

だから、ワンショットごとに状況吟味に長い時間をかけても、ほとんど意味をなさないといっていい。プロやトップアマは思ったとおりのショットを打てる確率が高いからこそ、ワンショット、ワンパットごとに準備の時間が多くなるともいえるのだ。

アベレージゴルファーの場合は、もちろんコースマネジメントも大事なのだが、思い描いたショットにできるだけ近づけることのほうが優先順位は高いと思う。ならば、あまり迷わずにズバッと決断して、さっさと打ったほうがリズムはよくなるだろう。

フレッド・デイリーはハリー・バードンの著書*My Golfing Life*のなかで、「**ゴルフでもっとも大切なものはリズム。時間をかけるとリズムの生まれる余地がない。その証拠に、プレーの遅い奴、いくらやっても上達しない奴はそろいもそろってみんな音痴だ**」と言っているぐらいだ。

球聖ボビー・ジョーンズも、「**構えたらあれこれ考えずにリズム中心、早めに打つこと。**

全英オープン覇者のジョージ・ダンカンも『早くミスせよ』と言った」と雑誌 *The American Golfer* で語っている。

フィーバーを巻き起こした渋野プロをマネして、プレーの早い選手がどんどん勝ってくれることを期待している。それと同時に、一般アベレージゴルファーもスロープレーではなく、渋野プロの“Play Fast”をお手本にしたいものである。

⑲ ピンの上ならミス、ピンの下ならナイスショット。

――中部銀次郎

カップに向かって手前から攻め、逆戻りしないのが理想

銀次郎さんが残した名言は数多くあるが、グリーンを狙うショットに関するものでもっとも有名なのは、**「グリーンの狙い場所は、あくまでもセンター」**という言葉だろう。

これは、センター方向を狙うということではなく、「最終的にボールが止まる位置がセンターになるように狙う」ということだ。その理由は、

①ボールがグリーン中央にあれば、どこにピンが切ってあっても意外に遠くないから

②多少のミスがあってもグリーンに乗る確率が高いから

の2つだ。グリーンを狙うショットでは、まずグリーンセンターへ運ぶことを考える。しかし、ピンが手前に切られているときなどは難しい下りのパットが残ってしまうので、もう少し考えなくてはならない。

銀次郎さんが言うには、カップに向かってすべて手前から攻め、一度も逆戻りしないでホールアウトすることが理想なのだそうだ。

「逆戻り」とは、グリーンオーバーしたりピンをオーバーしたりして、グリーン側からフェアウェイ側に向かってストロークすることだ。行きすぎてから戻ってくるわけだから、これは無駄な動きということになる。

奥からのアプローチを残すと、ピンに向かって下り傾斜になるので止まりにくい。また、ライも荒れていることが多く、難度が高い。

ピンをオーバーしてグリーンに乗った場合も、サム・スニードが「**私がゴルフで恐ろしいものは3つ。雷とベン・ホーガン、そして下りのスライスラインのパットだ**」と言ったように、難しい下りのパットが残ってしまう。

奥からのアプローチやパットは神経を使うので、心が疲弊してしまう。なるべく波風を立てず淡々とプレーするには、ドキドキしながら打つようなことは避けたほうがいいだろう。

冒頭の言葉どおり、グリーンオーバーはもちろん、ピンもオーバーさせないマネジメントは、安定したプレー、乱れないプレーには必須なのである。

しっかり振ってグリーン中央へ届くクラブを選択する

では、グリーンを狙うショットを打つとき、どのようなクラブ選択をすればよいのだろうか？

１９３８年のマスターズと１９３９年の全米プロで優勝したヘンリー・ピカードは、**「私は、どのアイアンを使おうかと迷いを感じたときには、必ず大きいほうのクラブを選んで楽に打つことにした。そして、その結果が悪かったためしは、めったになかった」**と言っている。

１９６７年の全米プロ優勝者ドン・ジャニュアリーも、「**少し大きめのクラブでやさしく打つ。それがゴルフのコツ**」と同じようなことを言っている。２人とも、ゆったりとしたスウィンガータイプだった。

球聖ボビー・ジョーンズは、**「私は常に適当と思われるよりも大きめのクラブをとって、ボールをやわらかく打つようにした。私は、アイアンを力いっぱい打たないことで成功したのだ」**と言っている。

これらの名手が口をそろえて言っているからには、「大きめのクラブ選択」が有効なことは間違いないだろう。しかしこれは、ゆったりやさしく振ることができる、やや上級レベルのゴルファー向けの言葉なのではないか。

一般のアベレージゴルファーは、少し力を抜いて軽く打つ練習をあまりしていないのではないかと思う。そういうゴルファーが急に軽くやさしく打とうと思っても、なかなかうまくいかないものだ。

「このクラブでは、ナイスショットすると飛びすぎるかもしれない」という不安がよぎったりすると、加減しすぎてゆるみが生じ、どダフりのボテボテ……というミスも多い。

また、軽く打ったらかえっていい当たりになって飛びすぎた……ということもよくあるのがアベレージゴルファー。これだとピンやグリーンをオーバーしてしまうので、本項のテーマからするとＮＧだ。

大きめのクラブで、少し距離を落とすように打つのは、普段から練習していないと意外に難しいものなのだ。

よってアベレージゴルファーは、マン振りはしないにしても、ある程度しっかり振ってナイスショットしたときにグリーン中央へ届くようなクラブを選択するのがいいと思う。

そうすれば、「当たりが薄かった」というようなミスショットのときにはグリーンにやっと乗るか、あるいはショートして乗らないかもしれない。それでも、ピンをオーバーするよりはずっといい。次のアプローチやパットでピンへ寄せやすいはずだ。

「ミスショットだとショートするかもしれないが、それは計算に入っている」と考えてショットすれば、落ち着いてスウィングできて、ナイスショットの確率も上がるだろう。

ぴったり寄らなくても、上りのパットを残す

また、グリーンを狙うクラブによっても、イメージをアジャストしないといけない。

ショートアイアンならスピンが利いて止まるから、ほぼキャリーでグリーンセンター、あるいはピンの少し手前を狙うイメージでいい。

ミドルアイアンやユーティリティだと一定のランが出る。その分、キャリーの落下点をだいぶ手前に設定し、その後どのように転がるかまでをイメージする必要がある。そうし

ないと、最終的にグリーンセンターに止めたり、ピンをオーバーしないように止めたりすることができないからだ。

ピンの位置によっても、マネジメントは違ってくる。ピンが奥や中央ならグリーンセンター狙いでいいが、ピンが手前に切ってあるときは、しっかり当たってやっとピンに届くクラブを選択しないとピンの下に止められず、下りのパットを残しかねない。

銀次郎さんは、「**ナイスショットは偶然の産物、ミスショットは必然の結果**」という言葉も残している。

アベレージゴルファーでも、トップアマのようなナイスショットを放つことはある。しかし、その確率はかなり低く、大なり小なりミスすることが当然なのだ。

そこでピカードやジャニュアリー、ボビー・ジョーンズのように大きめのクラブを選択できるのは、0・5番手の飛距離を落とすことができる上級者。アベレージゴルファーはしっかり当たってちょうど届くクラブを選択し、ミスしたときの結果をショートするようにして、心の準備をしておくことだ。

このときアベレージゴルファーは、なんとか届かせようとリキんでしまいやすいので注意したい。

「ピンの下ならナイスショット」は、アプローチやロングパットでも当てはまるマネジメントだ。ただただカップに寄せようとするのではなく、ぴったり寄らなくても上りのパットが残るようにする。「そのためには、どういう狙いをすべきか？」の検討を済ませてからストロークするかどうかで、結果としてのスコアは大いに違ってくるはずだ。

プロのようなチップインやロングパットのカップインを夢見ることは構わない。しかし、ミスすることも考えて備えておかないと、スコアにはならないのが現実なのだ。

「ゴルファーはロマンチストではなく、リアリストになることです」

これも、私の好きな中部銀次郎語録のひとつだ。

⑳ あんまり波を立てることなく、あんまり怒らずに。

——松山英樹

日本人初、悲願のマスターズ制覇

２０２１年のマスターズで松山英樹プロが見事な優勝を成し遂げた。日本男子初の海外メジャー優勝、そしてアジア人初のマスターズ制覇は、松山プロの悲願であると同時に日本人ゴルファー、ゴルフファン全員の悲願でもあった。

優勝が確定した瞬間、テレビの実況アナウンサーも解説の中嶋常幸プロも涙声になるほど感極まっていた。日本中のゴルフファンも、多くの人が夜中から寝ずにテレビ観戦し、みな同じように感激していたのではないだろうか。

優勝の要因はいろいろあるだろうが、やはり、３日目を彼自身のオーガスタでのベストスコアである65で回り、2位と4打差をつけた貯金が最後まで効いたように思う。

　この3日目を終え、松山プロは最終日に向けての気持ちをこう語った。

「この3日間、あんまり波を立てることなく、あんまり怒らずできた。明日はそういうことがすごく大事になってくると思うので、それができれば、すごくチャンスがあるんじゃないかなと思ってます」

　松山プロも29歳になり、セルフ・ダウトと上手に付き合うことができるようになったということだろうか。好調なパッティングでも絶妙なアプローチショットでも正確なアイアンショットでもなく、「あんまり波を立てることなく、あんまり怒らずできた」というメンタルマネジメントが3日目までの好スコアの要因だったというのだ。

　以前の松山プロは、そんなに怒っていたのだろうか？

　たしかに、ＰＧＡツアーにデビューして間もない頃、ふがいないパットをしてしまい、パターでグリーンをたたいてへこませ、Twitterでイアン・ポールター選手に“Idiot.”と書かれたことがあった。

　ギャラリーからするとナイスショットに見えるし結果もいいのに、松山プロ自身は何かが不満で、がっくりしたり、ふてくされたような態度を見せたりすることも多かった。海外メディアは、「ショット後のヒデキの表情や態度を見て、ミスショットだと判断してはいけない」とレポートするほどだ。

中嶋プロも、「**以前は、はたから見るとベタピンのナイスショットなのに、本人は顔をしかめていることがよくあった。自分のなかでは何かが許せなくて、それを引きずってしまっていたのだが、いまはそれが整理できているようだ**」と解説していた。

コーチをつけたことで、起きたことに対する反省はあとでコーチとすることにして、プレー中は目の前のショットやパットだけに集中するようになったようだ。

最終日のバックナイン、とくに15番ホールで池に入れてボギーにしてからは、肉体的にも精神的にもかなり苦しいように見えたが、最後まで自分を失わずに戦い切った。

ゴルフは「心が８割、技術は２割」と言われるが、松山プロのメンタルがひと回り大きくなったように感じた上がり４ホールだったと思う。まさに、心の強さでメジャーの壁を越えたと言ってもいいだろう。

優勝インタビューで語ったように、次からはさらにいい勝ち方で、また勝利してくれるのではないかと期待に胸がふくらむばかりだ。

マッチプレーで定番の駆け引き

オーストラリア出身のノーマン・フォン・ニーダは、全豪オープン３回、全豪プロ４回優勝、１９４７年のハリー・バードン・トロフィーも獲得している名手だ。

彼がまだ20歳の頃、アメリカからジーン・サラゼンがオーストラリアにやって来て、２人でエキシビション・マッチが行われることになった。

もしニーダが勝てば、スポンサーはアメリカでの試合に出る支援をしてくれることになっていた。このチャンスをつかむべくニーダは奮闘し、12番ホールまでで４ＵＰとリード、勝利は濃厚かと思われた。

続く13番のＰａｒ３でニーダのティーショットは60㎝ほどのベタピンにつき、サラゼンも負けじと90㎝につけた。

ここでニーダは先輩に敬意を表し、サラゼンのボールにＯＫを出したのだが、これがマズかった。当然それよりも短い自分のパットにもＯＫを出してくれるだろうと思っていたのだが、サラゼンは入れるようにと促したのだ。

若きニーダはたびたび癇癪《かんしゃく》を起こすことで知られていたが、この仕打ちに対して頭に血がのぼったのは言うまでもない。

ニーダはこの60㎝を外し、その後も自滅を繰り返して負けてしまった。このときの失敗を反省し、ニーダは「**ゴルフでは、怒りは最大の敵である**」という名言を残している。

２０１９年にも、セルヒオ・ガルシアとマット・クーチャーのマッチで同じようなことがあり、ガルシアが癇癪を起こして話題になっていた。タップインの距離に寄せたガルシアが当然コンシード（ＯＫ）だと思ってボールを拾ったのだが、クーチャーは「俺は何も言っていないよね」とやったのだ。

もちろん早とちりしたガルシアに非があるのだが、以後、２人の仲は険悪なままらしい。マッチプレーでは古典的ともいえる駆け引きなのだが、気性の激しいゴルファーに対しては、いまもって効果を発揮するようだ。

ボビー・ジョーンズもタイガー・ウッズもキレていた

あの球聖と呼ばれたボビー・ジョーンズでさえ、若い頃はつまらないミスをするとクラブを観客の頭上を超えるほど遠くへ投げ飛ばし、キャディがあわてて拾いにいくということが何度もあったようだ。

セント・アンドリューズのオールドコースでは、強い風に悩まされ、深いバンカーから何度も打ったあと、スコアカードを引きちぎるように破ったりもした。映画『ボビー・ジョーンズ　球聖とよばれた男』では、そのまま試合を棄権してハリー・バードンに諫《いさ》められたことになっているが、実際は最後までプレーしたらしい。

ジョーンズも「**決して相手に対して怒ったのではなく、自分自身のふがいなさに怒っただけなのだ**」と一応弁解しているが、この悪癖を抑え込むことができない頃は、あと一歩で優勝に手が届かなかったのも事実だ。

１９３０年、４大メジャーすべてで勝つ「グランドスラム」を成し遂げられたのは、足の静脈瘤に耐え、神経障害や胃けいれんにも耐え、結婚して親となり、司法試験に合格して弁護士となって、あの忍耐強いボビー・ジョーンズになれたから……なのであろう。

怒りがスコアに大きく影響することは誰もが実感しているところと思うが、名手たちの言葉からは、怒ってしまうこと自体は抑え込めないようにも思える。怒るのは仕方がないとして、いかに早くそれを鎮めるかがポイントのようだ。

中部銀次郎さんは「（そういうときは）**とにかく深呼吸**」と言い、大きく呼吸して落ち着きを取り戻すことをすすめている。腹式呼吸が自律神経の交感神経優位の状態を鎮め、副交感神経とのバランスを整える効果があることは、医学的にも認められているようだ。

タイガー・ウッズも若い頃はクラブをフェアウェイにたたきつけたりしていたが、「10秒ルール」というセルフ・コントロール法を実践して以来、あまりみっともないマネはしなくなった。

10秒ルールとは、「怒ってしまうことは受け入れ、10秒間はいくら激怒してもいい。10秒経ったらそれを忘れ、次のショットのことを考え始めるようにする」こと。それを自分に課したのだ。

やってしまったミスは、いくら怒っても、いくら時間をかけても、やり直すことはできない。変えることができない以上、早く割り切るべきなのだ。「変えることができるのは、目の前のショット（パット）だけ」と集中することを、タイガーはルール化したのだろう。

怒ってしまったら、いったん現実逃避しよう

プロではない一般アマチュアであっても、競技ではない遊びのゴルフであっても、やはり自分に対するふがいなさで怒りを覚えるのは、人間の性ともいうべき自然な心の動きであろう。

タイガーや銀次郎さんの方法を参考に、それぞれが自分なりの怒りの鎮め方を考えてお

くことで、必ずスコアはよくなるはずだ。

また、怒りを鎮める方法が得られれば、朝イチのティーショット、トラブルショット、なんとかボギーにとどめたいクラッチパットなど、心が乱れて焦りやすいときに、落ち着くことにも役立つはずだ。

さまざまな書物で触れられている方法を読むと、キーとなるのは「心を離す」ということのようだ。つまり、いまの（ミスをした）状況から逃避し、いったん別のことに心を向けるのだ。

●空を見上げて、白い雲の動きで風を感じてみる
●鼻で息を大きく吸って、芝のにおいを感じてみる
●綺麗な花を見つけて、絵心を感じてみる
●目をつぶり、鳥のさえずりや枝葉を揺らす風の音を聞いてみる
●恋人や子どもなど、大切な人のことを思い出してみる
●「19番ホール」で飲む、うまいお酒のことを考えてみる
●落語を思い出して、クスッと笑う

このように視覚・聴覚・嗅覚・味覚・触覚の五感を使って、いったんその場から逃避してしまおう。幸いにしてゴルフでは、次のショットへ向かうまでに歩く時間がある。その時間にこれをやれば、リセットできるだろう。

怒っていた心は治まり、焦っていた気持ちも鎮まる。そうなれば、心も新たに次のショットへ集中できるはずだ。

㉑ ゴルフから得た第一の教訓は、自制。いかなる不運も甘んじて受け入れるという美徳であった。

――フランシス・ウィメット

鼻歌を歌いながらボールを打ったら……

アメリカ出身のフランシス・ウィメットは、１９１３年の全米オープンに彗星のごとく現れ、優勝をさらった。その翌年と１９３１年の全米アマでも優勝し、生涯をアマチュアで通した息の長い名プレーヤーだった。外国人として初めて、ゴルフの総本山セント・アンドリューズのＲ＆Ａのキャプテンとなり、１９６７年に74歳で亡くなった。

冒頭の言葉は、全米アマで２度目の優勝をした翌年、彼が回顧録として出版した*A Game of Golf*（１９３２）で語られている。

「ゴルフは私にとって常にすばらしい教訓を与えるゲームであった。その第一は自制、すなわち、いかなる不運も甘んじて受け入れるという美徳であった」

ウィメットがアメリカン・ドリームをつかみとったのは1913年の全米オープンだが、勤めていた運送会社の仕事が忙しく、当初は出場をあきらめていた。彼は下町ブルックラインの出身で、決して裕福な家庭ではなかったから、働いて家計を助けなければならなかったのだ。

この年、マサチューセッツ・アマ選手権で優勝したものの、続く全米アマでは2回戦落ち。そのショックから、しばらくクラブも握っていなかったらしい。

ところが、勤め先のゴルフ好きの社長に「特別休暇をやるから、ウォルター・ヘーゲンをやっつけてこい」と冗談まじりで言われ、出場することとなった。

初日と2日目は20位前後の成績で、この20歳という若さの無名でやせっぽちの青年は、まったく目立たない存在だった。

この試合には、すでに全英オープンで5回優勝していたハリー・バードン、マッチプレーの強さで歴史に残るテッド・レイが出場していた。優勝戦線には、当然のことながらこの世界屈指のイギリス人プロ2人が浮かび上がった。アメリカの国名を冠した大会でイギリス勢が上位を占めているのは、アメリカのゴルフファンにとってはやるせないことしきりだっただろう。

ところが3日目になり、ウィメットは神がかり的なプレーを展開。ついにバードン、レイと並んでしまったのだから、国中の大ニュースとなったのは言うまでもない。

運命の4日目はあいにくの雨。選手たちはみなスコアを崩したが、バードンとレイはともに79と大崩れしなかった。そして、いまやアメリカン・ヒーローとなったウィメットも必死に食い下がって79。この3人でプレーオフによる決着となったのだ。

翌日の試合会場、ザ・カントリークラブは異常に興奮した観客でふくれあがった。その大観衆に緊張したのか、前半のウィメットは精彩を欠いてしまったのに対し、百戦錬磨のバードンとレイは手堅いゴルフを展開した。

それでも、ウィメットもなんとか食い下がり、アウトのスコアは3人とも38のイーブン。ところがインに入ると、ウィメットは別人のように生気を取り戻した。

バードンとレイは、プロとアマの力の違いを見せつけようとリキみだし、スコアを崩した。10番でウィメットはバーディをとり、バードンとレイは不覚にも3パットしてボギー。これがターニング・ポイントとなった。

そしてついに、最終ホールでは2位のバードンに5打差、レイには6打差をつけて振り切ってしまった。勝利の瞬間、18番グリーンは収拾のつかない大騒ぎになり、ウィメットは大観衆にもみくちゃにされながら祝福を受けたのだった。

インに入ってからの快進撃の要因を、ウィメットは次のように語っている。

「私は（前半）楽しむことを忘れていたのだ。（中略）ところがインに入って、自分のいる場所が突然わかったのだ。こんなチャンスは人生の中でもざらにあることじゃない。よし、思いっきり暴れてやろうと。そこで私は２人に聞こえないように、鼻歌を歌いながらボールを打ち始めた」

今風の解説をつけると、鼻歌を歌って自律神経を理論的思考の交感神経優位から感覚的思考の副交感神経優位にチェンジできたことが、どうやら奇跡の快進撃の要因のようだ。

このアメリカン・ドリームは、『グレイテスト・ゲーム』というタイトルで２００５年に映画化されている。映画では、ウィメットとバードンは5打差ではなく、18番までもつれこんでの1打差になっていたり、鼻歌のことには触れられていなかったりするが、興味深い作品になっていると思う。

不運はやり過ごすに限る

さて、冒頭の名言にもあるように、ゴルフにおける幸運／不運については、その皮肉さゆえに人生にもたとえられ、多くのゴルファーが名言を残している。

アメリカの皮肉屋な評論家グラントランド・ライスは、「**ゴルフとは他のプレーヤーはみな運に恵まれ、自分だけが悪運をうけるゲームだ**」と、ゴルファーなら誰もがそう感じたことがあると思うようなうまいことを言った。

実際、アーノルド・パーマーはペブル・ビーチでのプロアマ戦で、ドライバーショットがすべてディボットに入るという不運に見舞われたことがあるそうだ。Ｐａｒ３を除く14ホールすべてでだとしたら、途方もない悪運だ。

このように、することなすことが不運につきまとわれる日はたしかにある。そんな日は、自分だけがなんでこんな目に遭うんだと、自暴自棄になってしまいがちだ。当然、スコアもボロボロになる。

しかし、ウィメットは「いかなる不運も甘んじて受け入れるという美徳」を認識することで、うまくやり過ごしていたようだ。

中部銀次郎さんは、「**ゴルフには平均の法則が働く**」と言った。長い一日のラウンドでは不運と幸運は互い違いにやってきて、たいていは平均化する。もっと長いスパンで見れば、必ず均等になっている。だから、不運が来たとしても落胆したりせず、「柔らかくやり過ごす」のがいいと説いている。

元ＵＳＧＡ（全米ゴルフ協会）役員でルールの権威、ジョゼフ・ダイはもう少し積極的で、「**ゴルフとは、あらゆる困難と不運とを来たるがままにうけとめて、これに打ち勝つゲームなのだ**」と言う。

つまりゴルフでは、不運・悪運を自分に与えられた試練とみなし、これを甘んじて受け入れ、勇気と忍耐と熟練をもって克服する者だけが上達し、ゴルフの真の精神と楽しみを味わうことができるというのだ。

ホレス・ハッチンソンはマナーにもからめ、「**ゴルフには運がつきものだが、よいにしろ悪いにしろ運というものは全体的には平等なのだ。それなのに自分の不運をこぼすのはもっとも悪い癖だ。だが、相手の幸運をねたむのはそれ以上に悪い**」と言った。たしかに、不運を大げさに嘆いている人を見るのは、気分のいいものではない。

ボビー・ジョーンズは不運に見舞われたとき、「**これこそがゴルフだ、だからゴルフは面白い**」と、むしろ不運を楽しめるようになることをすすめている。

ナイスショットなのに悪いライに止まった、キックが悪くてバンカーに入った、急に突風が吹いて池に入った……などなど、人智の及ばない現象が起きるのがゴルフである。

それにいちいち敏感に反応していては、1ラウンドの長丁場はもたない。不運に見舞われても、「次は幸運が来るだろう」と楽観的に考え、腐ったり投げたりしないことだ。

まずは深呼吸でもして、遠くや上空を眺めるようにすると、少しは気分転換できるはずだ。ウィメットのように、鼻歌を口ずさむのもいいだろう。

所詮、起きてしまった不運は変えようがない。どう対処するかが重要なのだ。R&Aの設立憲章は、ゴルファーがどう振る舞うべきかを定めている。

「**第2条　すべては騎士道に準じて行動すべし。誇り高くあれ**」

日本人でいえば武士道だろうか。不運に見舞われ、悪いライに止まってしまっても、プロのようになんとか救済を受けようとするのは見苦しいものだ。アマチュアは誇り高く「あるがまま」を受け入れたいものである。

そうすれば、ウィメットのようにゴルフから多くの教訓を得られるだろう。

22

アドレスして何か気になることを発見したら、いったんやめて、あらためてスタンスをとり直すべきだ。

――ヘンリー・コットン

たいていの一般ゴルファーはそのまま打ってしまう

ヘンリー・コットンはイギリス上流階級出身で、アマチュアからプロゴルファーに転身した。１９３４年の全英オープンで優勝している。

この当時はアメリカ人プロが強く、ジ・オープンもことごとくアメリカにタイトルを奪われていた。そのアメリカの侵略を食い止めてイギリスに優勝杯を取り戻したのだから、救国の英雄と絶賛されたのは言うまでもない。

冒頭の言葉は彼の豪華本、*My Golfing Album*（１９５９）に書かれており、**「ところが、たいていの一般ゴルファーはそのまま打ってしまうのだ」**と続けている。

私たちのような一般ゴルファーが参考にすべきは、この後半部分である。

一般ゴルファーは、心にゆとりがないのか、ショットに対して確固たる自信を持っていないのか、いったんアドレスしてしまうとなかなか仕切り直しができないものだ。ゴルフマナーの一番が“Play Fast”であることから、仕切り直してはスロープレーになりかねないとの配慮もあるのだろう。

しかし、違和感を持ったまま打ってしまった場合、よい結果が得られることはほとんどない。たいがいはミスショットになるものだ。

それでトラブルにでもなれば、そっちのほうが費やす時間は多くなってしまうだろう。だから、こういう点は一般ゴルファーも遠慮なく見習っていいと思う。

不安を感じるようなことはできるだけ取り除いたほうが、いいショットを打てる確率は格段に高くなるはずだ。ところが、とくに不安や違和感があったわけでもないのに、なぜかミスをしてしまうということもある。

こういうときは、ベン・ホーガンの次の名言にしたがってその原因を分析したい。

「プレーは結果によって考えず、原因で考えるのが上達の秘訣である」

グッドショットにしてもミスショットにしても、何がよかったのか、あるいは何が悪かったのかを考えることが、その人のゴルフをブラッシュ・アップするものなのだ。

とくに不安や違和感があるわけでもなかったのに、なぜかミスをしてしまったというとき、その原因がなんなのかはわかりにくい。

それでもミスをしたからには、そこになんらかの原因があるはずで、それを明らかにできないままプレーを続けていると、また同じようなミスが出てしまう。

そうすると、「またミスするのではないか」というセルフ・ダウトが心に浮かんできて、その日のプレーは不満足なものになってしまうだろう。

それを防ぐためには、次のショットに移るまでになんらかの原因究明をして、その点に配慮して次のショットをすることが望ましい。

それで、よいショットが出ればその後は大丈夫になるし、またミスになったらなったで、また原因究明を試みるしかない。

自分のミスの原因はどこにある?

その日のラウンド中に原因究明がしきれないときもあるだろう。その場合は、あとで練習場へ行って試行錯誤することになる。

中部銀次郎さんは、ある日のラウンドで1発だけドライバーを引っかけてOBにしてしまった。その帰り道に練習場へ寄って、「なぜあの1発が出たのか？」を究明するため、ドライバーばかり２５０球も打って、ようやく納得して帰ったという。ゴルフが上達する人というのは、多かれ少なかれ、このようなしつこい探究心を持っているものなのである。

さて、話は少しそれるかもしれないが、私はここ数年、ミスの原因がよくわからず悩んでいることがあった。調子のよい日は、そのミスが出ないまま順調にラウンドできることもあるので、ますます原因がわからなかったのだ。

それは、「アイアンでダフる」という現象だった。ドライバーやフェアウェイウッド、ユーティリティなどの長いクラブではあまりそのミスは出ない。しかし、スコアをまとめる上で重要なアイアンショット、とくにミスしたくないショートアイアンでダフってしまうのだ。

せっかくドライバーでグリーンまで１００ヤードのフェアウェイに運んだというのに、そこからガッツリとダフって30ヤードもショート……なんてことがよく起こるのだ。それまでショートアイアンは得意クラブだった。８番より短いクラブでグリーンに乗らないことはほとんどなかったのに、である。

最初は「乗せたい、寄せたいという欲が心に制約をかけているのではないか？」と思ったが、気楽にレイアップするようなシーンでもダフりが出てしまうので、どうも原因は別のようだ。

ダフりの原因はサングラスだった

あれこれ考えているうちに思い当たったのが「サングラス」だ。昨今は温暖化の影響か紫外線が強く、晴れている日はサングラスの着用が欠かせない。

サングラスは目を紫外線から守るだけでなく、花粉などの埃からも守ってくれる。また、陰影がクッキリ見えることで、パッティングラインが読みやすくなったりもする。近視や老眼の人は度を入れることで、ボールがぼやけて見えなくなるなど、視覚情報がクリアになるという利点もある。

このように、ゴルファーにとっては恩恵ばかりで、ほとんどのプロも使用していることから、ダフりの原因がサングラスとはなかなか思えなかった。

しかし、プロの試合を見ていて、松山英樹プロがときどきサングラスを外してショットするシーンがあることに気づいた。それからサングラスに注目してテレビ中継を見るようになったが、松山プロに限らず多くのプロが、ときどきサングラスを帽子の上にあげて裸眼でショットしていることがわかった。

そこで、サングラスのショットへの影響についてネットで検索してみると、私だけでなく「サングラスをするとダフる」というコメントがプロアマを問わず複数載っていた。

いろいろと読んでみてわかったのは、目から入る色合いが変わることで、視覚情報に対する体の反応に次のような変化が生じるらしいことだった。

●赤や黄色などの暖色系は時間を実際よりも長く感じ、青や緑などの寒色系は実際より時間を短く感じる

●赤や黄色などの暖色系は実際よりも近く感じ、青や緑などの寒色系は実際より遠く感じる

ちなみに私は薄茶色の暖色系で、少しだけ度が入ったサングラスを使用している。とすると、時間感覚としては実際より長く感じてしまうということだ。ゆっくり振ったつもりでも実際はいくらか早く、知らず知らずのうちに打ち急いでいる可能性がある。

また、遠近感については老眼の度とあいまって、アドレスでボールが近くに見えているようだ。だとすると、実際のボールはもっと遠いのだからトップしそうなものだが、症状はダフりである。

ミスの結果と理論は一致していないようにも思えるが、人間の脳は思った以上に精密なので、「体の感覚からくる情報と視覚からくる情報が一致せず、混乱している」と考えればよいのかもしれない。

アドレスしたときに不安や違和感があったわけでもないのに、なぜかミスをしてしまっていた原因がここにあるのなら、対策はとれる。

①ミスが多いショートアイアンではサングラスを外してショットする
②サングラスをしてショートアイアンの練習をし、慣らしてしまう

この2つが考えられるが、長年染みついた体の感覚は一朝一夕には変えにくいだろうから、前者を選ぶことになりそうだ。

23 ゆっくり振ること。フォロースルーで伸び上がらないこと。

――ルネ・ラコステ

ラコステとゴルフの深い関係

ラコステといえば、ワニのマークでおなじみのブランドだ。その創設者でもあるルネ・ラコステは、テニスラケットを担いで単身アメリカに渡り、1926年、27年と全米選手権（現在の全米オープン）を連覇している名テニス・プレーヤーだ。

優勝回数は60回を超え、全盛期には70ゲーム負け知らずだったというから、相当な強者である。テニスで有名なラコステだが、実はゴルフもうまく、ハンディ6の上級者だったことはあまり知られていない。

また、ラコステの伴侶となったシモーヌ・ティオン・ド・ラ・ショームは、フランスからたったひとりでドーバー海峡を越え、１９２７年全英女子アマチュア選手権に出場、英国人以外で初めて優勝トロフィーを手にしたゴルファーだ。

彼女もヨーロッパ各国のナショナル選手権に出場し、17回の優勝を飾っている。意外にも、ラコステ家はゴルフになじみが深いのだ。

この２人からゴルフ界のサラブレッド、カトリーヌという女の子が生まれた。両親譲りの運動能力と、ラコステ家の家訓よろしく「不退転の決意で、決してあきらめない」精神力を併せ持った彼女は、すばらしいアマチュアゴルファーへと育っていく。

１９６７年、カトリーヌ・ラコステはまだ無名のアマチュアゴルファーだったが、両親がそうしたようにフランスから単身大西洋を渡り、全米女子オープンに参戦した。そのとき、父・ルネが娘に授けたアドバイスが冒頭の言葉である。

カトリーヌにとっては未知の土地、バージニア州ホットスプリングスでは、黒髪のフランス人を出迎える者もおらず、新聞はサンドラ・ヘイニーをはじめトッププロにだけ注目していた。それもそのはず、伝統ある全米女子オープンの歴代優勝者は、その時代のアメリカ人有力プロばかり。過去に外国人の優勝者はいなかったのだ。

無名アマチュアの大番狂わせ

練習ラウンドのあと、カトリーヌはホテルで食事をとっていた。その隣の席に座っていたのが、同じホテルに宿泊していた高校教師のウィリアム・プレストン氏と妻、そして2人の小さな娘だった。

カトリーヌには人を惹きつける魅力が備わっていて、プレストン一家はたちまち彼女の応援団になってしまった。気丈にもたったひとりで大舞台に参戦してきたフランス人に、判官《ほうがん》びいきで応援したくなる気持ちはなんとなくわかる気がする。

プレストン家の応援が励みになったのか、初日のカトリーヌは絶好調。首位のサンドラ・ヘイニーに1打及ばなかったものの71で2位につけ、翌日の朝刊には「ド・ゴールの秘密兵器」と紹介記事が載った。

カトリーヌの得意クラブはドライビングアイアンだった。2日目も1番アイアンが冴え、トッププロのパティ・バーグが目を丸くしたほどだった。

有力プロがスコアを伸ばせず苦労するなか、カトリーヌはアマチュアらしくのびのびとプレーして70の好スコア、トップに躍り出た。１９４６年の第1回大会以来、アマチュアがトップに立ったのは初の出来事だった。

プレストン一家は最終日までカトリーヌを応援する決意を固め、2人の小さな娘たちもすっかりファンになっていた。カトリーヌは毎晩食事をしながら、その日のプレーのすべてを詳細にプレストン一家に話して聞かせ、プレストン氏はそれをメモしていた。

3日目もＰａｒ5の2打目に1番アイアンを駆使し、強気のパットで攻めたカトリーヌは2位グループに5打差をつけて首位をキープした。

最終日の朝、プレストン一家の様子は尋常ではなく、2人の子どもたちまで笑顔を忘れ、緊張してひきつった顔をしていたらしい。さすがのカトリーヌも、疲労と緊張でショットが少しずつブレ始め、強豪たちはじわじわと追い上げてきた。

17番Ｐａｒ5に来たとき、カトリーヌのアドバンテージはたったの1打にまで詰め寄られていた。足は鉛のように重く、首の周りが凝り固まっていた。そのとき、プレストン家の末娘、3歳のキャシーが声をかけたのだ。

「カトリーヌ、あとでパーティしようね。だって、あしたはサヨナラだから」

この言葉を聞いて、カトリーヌは内からみなぎってくるものを感じたという。

「3歳のこんな子が自分と同じ72ホールを歩いて応援してくれている。いまにもくじけそうな自分が恥ずかしい」

そう感じたカトリーヌは、左ドッグレッグの最短ラインである森の上を狙い、プロでもやらないような冒険のショートカットショットを毅然と放った。

ボールはピンに１５０ヤードの地点まで飛び、ここで２オンしてバーディを奪ったカトリーヌは、そのままビクトリーロードを歩き切った。

このときのアメリカ女子ゴルフ界は第1次黄金期とよばれ、強豪がひしめいていた。そんななか、フランスの無名のアマチュアにトロフィーを奪われ、新聞は「ラコステ・ショック」と書き立てたものだ。

のちにある出版社からの依頼で、プレストン氏はカトリーヌと過ごした４日間を詳細にまとめた一冊を出版し、45万部も売れたという。食事をしながら聞いた試合中の話をメモしていたのが役立ったのだ。

テイクバックの最初はとにかく「ゆっくり」

カトリーヌはその後スペイン人と結婚し、子育てに専念したため競技人生は短かった。アマチュアの彼女にとって、ゴルフは生活するためのものではなかったのだ。

このあたりは、イングランドで無敵を誇りながら、29歳でさっさと引退した天才女子ゴルファーであるジョイス・ウェザレッドを彷彿とさせる。

　こういう話に触れると、「**ゴルフはアマチュアのもの**」という古言が染みわたってくる。球聖ボビー・ジョーンズも終生アマチュアのままプレーしたことで、特別な存在として後世に名を残している。

　プロは、お金のため、生活のためにゴルフをしているから、どうしても世知辛い感じがしてしまうが、アマチュアにとってゴルフは生活の手段ではない。カトリーヌも「**この事実が私をのびのびとプレーさせた秘密です。だって、私には失うものがないもの**」と語っている。

　そういうアマチュアのゴルフこそ、本来のゴルファー精神にのっとっているものなのだ。プロのプレーがいかに技術的にすばらしく人を魅了するものであっても、精神の部分ではアマチュアに及ばないといわれるゆえんであろう。

　さて、カトリーヌの父ルネ・ラコステが与えた冒頭のアドバイスは、まるでゴルフ仙人ハーヴィー・ペニックの教えのように、「**よい結果を生む単純なこと**」だけを示唆したすばらしいアドバイスだと思う。

　とくに、歳を重ねて体力に衰えが出てくると、性急に振り上げ、前傾姿勢が崩れて伸び上がって打ってしまう傾向が出やすい。

「ゆっくり振ること」は、とくにテイクバックの始まりのパートをゆっくり行うことが重要だ。その初期段階さえ気をつければ、肩の回転不足を防ぎ、トップにいたって切り返すまでのタイミングもうまくこなせるだろう。

「**スウィング中に考えるのはひとつだけにせよ**」と言われる。しかし、「ゆっくり振ること」の実践はテイクバックの最初の部分で終わってしまうから、トップから切り返すときにはもうひとつのことを考えることができる。

それが、「**フォロースルーで伸び上がらない**」ことだ。ゆっくり振り上げることに成功したら、あとは伸び上がらないことに注力するのだ。この２つだけで、ショットはたいがいうまくいく。

「フォロースルーで伸び上がらない」ようにするには、ダウンスウィングでひざを沈み込ませるように意識するか、意識的に腹筋に力を入れてヘッドダウンさせるかである。

どちらの方法が合うかはプレーヤー次第。それぞれ試して、自分に合う、やりやすいと感じられる方法を選択すればいい。結果的にゆっくり振れて伸び上がらなければ、それでいいのだ。

第4章　グリーン周り／グリーン上で

㉔ バンカープレーに対する私のアドバイスは次のとおり。「決して欲張ってはいけない。ボールを出すだけで満足せよ」

――ハリー・バードン

下手な者ほどバンカーからのナイスショットを狙う

全英オープンで6度優勝という不滅の記録を持ち、多くのゴルファーがお世話になっているオーバーラッピンググリップの始祖であるハリー・バードン。冒頭の言葉は彼の著書*How to Play Golf*（1907）に出てくる。

彼ほどの名手の言葉にしては、当たり前すぎて月並みと感じるし、あまりにも消極的だとも思うかもしれない。

しかしバードンは、「マッチプレーでよほど追い詰められた状況ならともかく、通常は**バンカーから出すことだけを考えて、次のショットかパットで挽回しようとするのが、も**

っとも有効で安全な方法なのだ」と説いている。少し長くゴルフをやったプレーヤーなら、たしかにこれが最高の方策だとうなずけるのではないだろうか。

バードンはさらに続けて、「**アベレージゴルファーであればあるほど出すことに専念すべきだが、実態はハンディの多い者ほど、砂の中に半分も埋まった難しいライから、いかなる名手が夢想するよりさらにすばらしい離れ業をやってのけようとするのだ**」と、うぬぼれを戒めている。ゴルフ史に残る偉大なハリー・バードンがこう言うのだから、重きを置くにふさわしい言葉と受け取るべきだろう。

ちなみに、バードンのクラブセッティングは７本だけだ。しかもそのうち４本が、ドライバー、ブラッシー（２番ウッド）、スプーン（３番ウッド）、バッフィー（４番ウッド）とウッドクラブなのだ。アイアンはいまでいう５番と７番だけ。これにパターで７本のセットなのだ。

スコットランドのリンクスコースで、強い風の中をブラッシーやスプーンで低いボールを駆使し、２００ヤード以上のロングショットをピタピタと３ｍ以内につけたというバードンの神業的なロングショットは、鳥肌もののすごみがあったという。

しかし、リンクスには自然のバンカーがいたるところに存在する。全英オープンの開催コースなどは、ハシゴを使って降りていくようなバンカーもあるし、垂直に切り立った壁のポットバンカーもある。

いかにバードンがロングショットの名手であったとしても、神が創造したともいわれる自然のマウンドによって、キックする方向が読めず運任せということもある。バードンも少なからずバンカーに入ったことは疑いがない。

彼のクラブセッティングで一番ロフトがあるクラブでも、現在の7番アイアンに相当するものしかない。それで絶壁ポットバンカーやハシゴつきバンカーをこなしていたのだから驚きだ。

もちろんバードンの時代にも、ニブリックという現在の9番アイアンに相当するクラブは存在していた。多くのプレーヤーはこのニブリックでバンカーから脱出し、その打ち方も比較的クリーンヒットに近いものだったようだ。

というと、そんな時代ゆえの「ボールを出すだけで満足せよ」だったのかと思うかもしれない。しかし、これはいまの時代でも普遍のエッセンスなのである。

大事なのは、7番アイアンや9番アイアンのクリーンヒットに近い打ち方でも、「出すだけ」ならバンカーを脱出できたという事実なのだ。

バンカーショットに必要なのは技術より勇気

さて、バードンの時代からしばらく時が流れ、ロフトが大きくソールが船底になったサンドウェッジがジーン・サラゼンによって考案された。

サラゼンはこのサンドウェッジで、従来のクリーンヒットとは異なる、砂ごとボールをたたき出すエクスプロージョンショットを駆使した。これにより、バンカーから脱出するだけでなく、寄せワンやチップインの確率を上げ、多くのタイトルをモノにしたのだ。この時代、サンドウェッジが大変なヒット商品となったことは言うまでもない。

サラゼンは、「**エクスプロージョンショットは技術的にはきわめてやさしく、かつ安全である**」とも言っており、バンカーショットの名手としての名声をほしいままにした。

そのサラゼンが、バンカーショットのアドバイスとして次の名言を残している。

「**バンカーショットで大切なのは、技術的な細目を覚えることよりも、それを実行する勇気である**」

つまり、一般ゴルファーがバンカーでミスを繰り返すのは、バンカーに対する潜在的な恐怖心のためだと言うのである。それは、自信喪失による恐怖や、過去のさまざまなミスヒットの記憶による恐怖だという。

また、球聖ボビー・ジョーンズは「**多くの人がバンカーショットで臆病になるのは、ピンのすぐそばでフルスウィングしなければならないからだ**」とも言っている。

このように、恐怖や不安が心の平静さを崩してしまうことが、バンカーショットでのミスを引き起こす。極端なすくい打ちをしたり、大ダフりして少しも飛ばなかったり、トップしてホームランしたり……これらの要因は、恐怖や不安によって平静さを失っていることが大半なのだ。

これが、「実行する勇気」が大事だというサラゼンの言葉の意味なのだろう。

エクスプロージョンショットの勘違い

では、バンカーで勇気を持って実行すべきこととは、いったいなんなのだろうか？

これまでの変遷を考えると、当初は7番アイアンや9番アイアンでボールをクリーンヒット気味に打ってバンカーを脱出していた。

その後、ボビー・ジョーンズの活躍した頃には、「ピンのすぐそばフルショット」していたようだから、エクスプロージョンショットが効果的なバンカー脱出法として行われていたようだ。

そしてサラゼンの時代になると、エクスプロージョンショットがより楽にできるサンドウェッジが考案され、バンカーショットはさらにやさしくなったと推測できる。

エクスプロージョンショットは、文字どおり砂を爆発させるように打って、砂ごとボールを飛ばす打ち方だ。だから、砂が爆発するように打たなくては意味がない。

ところが、テレビ中継でよく見る最近のプロはサンドウェッジのフェースをかなり開き、薄く砂をカットするようにとってスピンを利かせ、ピンに寄せている。そのせいで、アベレージゴルファーまでもが、フェースは開き、砂は薄く取るものだと勘違いしているようだ。

だが、この打ち方は残念ながら少しダフればまったく飛ばず、トップしてホームランになってしまうミスも多い、難しいショットなのだ。砂を薄くカットするとあまり爆発力が出ないからである。また、砂が少なく硬いバンカーだとソールが跳ねてしまい、トップにもなりやすい。

逆に、ライが目玉のときのことを思い出してほしい。目玉のライは難易度が高いが、サンドウェッジのフェースをかぶせ気味にして、ボールの少し手前に力いっぱいヘッドをたたき込むようにして脱出する。

実は、この打ち方こそがもっとも砂の爆発力が高いのだ。多くのアベレージゴルファーは、プロのマネをしているのか砂の取り方が薄く、爆発力がないために失敗していることが多い。

砂を爆発させるためには、フェースは開かずに、むしろロフトを立ててセットし、ボールの周りの砂をピンのほうへ向かってぶっ飛ばすつもりでヘッドをぶち込めばいいのだ。ボールを飛ばそうとするのではなく、砂を飛ばそうとイメージするのがコツだ。

バンカーショットには我孫子《あびこ》流というのがある。これは、打ち込んだヘッドをフォローで抜こうとせず、砂に埋めっ放しにするイメージなのだそうだ。

この方法だと、砂が少なく硬いバンカーでも、ヘッドが跳ねられてトップすることがかなり抑えられる。普通にいいライであっても、目玉のライと同じようにフェースを開かずにヘッドを打ち込めば、少なくとも脱出はできるのである。

ところで、サラゼンはバンカー恐怖症の克服法についてもアドバイスしている。

「諸君は、バンカーでいくらたたこうとも構わないと覚悟を決めて、勇敢にグリーンを狙うのだ。そして、バンカーに入ったら教科書どおりのエクスプロージョンショットを、勇

気をもって断行するのだ。1年辛抱したら、諸君のバンカーショットは見違えるほどよくなっているはずだ。なぜなら、実は私自身もその方法で上達したからだ」

このアドバイスから推測するに、サラゼンは当初バンカーが苦手で、だからこそ工夫を重ねてサンドウェッジを考案したのではないだろうか？　私はそんなふうに思っている。

㉕ シャンクはもっとも進化したタイプのミスである。

——ジョー・ノヴァク

フェースが開かなければ、シャンクはほとんど出ない

ジョー・ノヴァクは、全米プロゴルフ協会の会長を務めたほどの名インストラクターだ。

彼が言うように、シャンク（ソケットとも呼ばれる）はプロや上級者、または比較的ゴルフ経験が長い上手なプレーヤーに突然降りかかる、災難のようなミスショットだ。

シャンクになったとき、ボールは右45度、ひどいときはもっと横へ向かって飛び出す。

これは、アイアンのネック部分のふくらみにボールが当たることで起こる。

多くの場合は力加減をするアプローチショットで起こるが、フルショットで起きることもある。アイアンで打っているのにOBになってしまい、呆然とするものだ。

シャンクが出たときの心の動揺は相当なもの。その後のプレーにも大きく影響するため、スコア的にも大きな痛手となる。

また、シャンクは一度出ると連続して出てしまう傾向もある。グリーン手前の花道から4打費やしてグリーンを1周し、もとの花道に戻ってしまった……というような人をお見かけしたこともある。

アイアンの芯はフェースの真ん中よりややネック寄りにあるものだ。だから、ギリギリのところでネックに当たらないような打点で打てたときは、すばらしいナイスショットとなる。そういう打点で打てていて、「今日はアイアンが切れて絶好調！」なんてときに、往々にして突然起きるのがシャンクなのである。

ナイスショットとほんの1〜2ミリの隣り合わせにあるだけに、技術の上達（進化）が逆にシャンクを招く。とても厄介なミスなのだ。

『ハーヴィー・ペニックのレッド・ブック』（日経ビジネス人文庫）には、「ジャック・バーク・シニアがまとめたゴルフの格言」という章があり、その15番目の項目でシャンクに触れている。

「クラブがボールの外側にあるとシャンクになる。シャンクは、気持ちは止めたいのに、

思わず口から出てしまうようなものだ。これにはボールを2つ、5センチほど離してタテに置き、外側のボールには触らずに手前のボールだけを打てるようになれば、シャンクは直ったと思っていい」

これに対してペニック自身は異論があり、『レッド・ブック』の他の章で、ボールの3cm外側（バークは5cmと言っているが）に箱かティーを置いて、それに触らないよう、フェースのトゥ側で打つ練習をすすめている。

またペニックは、以下のようにシャンクの原因はいくつかあるとも言っている。

●引っかけショットを嫌がって、フェースがクローズしないようブロックしている（トゥ側を遅らせてフェースを開く結果となっているという意味らしい）
●ボールから遠くに立ちすぎている
●頭を必要以上に下げている
●視力が落ちている（視力は日によって違うもの）

とくに、フェースが開かずクローズになっていれば、シャンクはほとんど起きないと強調してその章を締めくくっている。

コースで突然シャンクが出たら、慌てず焦らず対処する

バークやペニックの説明を読み解くと、当たり前の話ではあるが、「インパクトでは、アドレス時のヘッドの位置よりも外側にヘッドが移動しないようにしなさい。そのためには、ボールの外側に障害物を置いて、それを意識しながらショット練習をしなさい」ということのようだ。

ただ、バークやペニックが教えたのは、プロやトップアマのシャンクに対してだったようだ。ペニックは「**12回連続ではシャンクできないほうに賭けるよ**」と言ったが、美しいスウィングの生徒はなんと12回連続でシャンクしたと、『レッド・ブック』に書いている。

しかし、シャンクという災難はラウンド中に突然やってくる。練習場で意識してシャンクさせようとしても、アベレージゴルファーはなかなかできるものでもない。

練習場でシャンクのようなボールを打ってしまうのは、まだスウィングが毎回バラバラで、フェースがボールによく当たらないような、ゴルフを始めたばかりの初心者がほとんどだ。ペニックが教えていた、上級者でシャンクしか打てなくなった生徒などは、ごくご

く稀な例だと思う。

だから、ほどほどにスウィングができているたいがいのゴルファーは、練習場でわざわざボールの外側に障害物を置いたりしなくても、ほとんどシャンクなどしないものだ。

ところがコースへ行くと、練習場では一発も打たなかったような、真横へ飛ぶボールがなぜか出てしまうというわけだ。

アベレージゴルファーにとっては、コースで突然シャンクが出てしまったときに慌てず焦らず対処することができるかどうかが、実戦で必要なことなのではないだろうか。

フルショットでのシャンクは気にしなくていい

プロや上級者は、シャンクが出るメカニズムもその原因となる自分の癖も知っているから、連続してシャンク地獄にハマるということは少ない。

これに対してアベレージゴルファーは、もともとシャンクが出ると思ってもいないから、頭の中が真っ白になるばかりでどう対処してよいかわからず、以降のゴルフは悲惨なことになりやすい。

もしフルショットでシャンクが出た場合は、「ライやアンジュレーションのせいでたまたま出ただけ」と割り切ってもいいかと思う。せいぜい、頭を下げすぎないようにするとか、ダウンスウィングで左の脇を締めることを意識するぐらいで十分だろう。

一方、ハーフショットなどでシャンクが出た場合は、フルショットと違って注意が必要だ。ボールの位置、フェースの向き、ルックアップ、つま先体重、手首の角度、視力など複数の要因が絡んでいることが多いからだ。

原因として一番多いのはルックアップ。視線がインパクトよりも早く飛球線のほうへ流れてしまい、結果的にアドレスの位置からヘッドがズレていることだ。

多くの場合、「ボールをよく見る」だけでアベレージゴルファーのシャンクは防げる。よく見ているのにシャンクしたという場合は、よく見ようとしすぎて、頭が下がってしまっているのだと思う。

それでもシャンクが止まらないというときは、もう感覚と実際のスウィングラインがズレてしまっているので、バークやペニックのすすめる練習法でそのズレを直すことが必要かもしれない。しかし、コースでプレー中にそんなことを言ってもいられない。

この場合、「これなら絶対ネックには当たらないだろう」と心理的に安心できるようなアドレスをするしか即効薬はない。

まず、それ以上は体の前側に体重が移動しないように、アドレス時からつま先体重にする。さらに手が浮いてヘッドが外側に出ないよう、最初から肩・手・ヘッドが一直線となるようなハンドアップで構える。さらにさらに保険をかけて、フェースのトゥ側にボールをセットし、打点もトゥ側でヒットするように意識する。

これだけやれば、ボールがネックに当たるなんてことはまずないだろう――そのように心理的に安心できることが一番大事で、結果的にたいしていいアプローチショットにならなかったとしても、シャンクさえしなければそれでよしと考えたい。

とはいえ、「これならシャンクしない」とメンタル的にプレッシャーがかからない状態でアプローチをすると、平均点以上の結果が得られやすいのも事実だ。

とくにフェースのトゥ側でヒットすると、芯で打っていないだけに、勢いのない死んだ球筋になる。すると転がりすぎず、止まりすぎずになることから、ヘッドを加速して強めに打てて、意外にコントロールしやすいのだ。

シャンクが出ると、忌まわしい災難に遭ったような気分になってしまうが、冒頭の名言が意味するとおり、シャンクは高度なミスなのだ。「俺もシャンクが出るほどうまくなったのか」と思って、やり過ごしたいものである。

㉖ グリーン周りから、決まってウェッジを使う気取り屋がいる。そんな人物を私は信用しない。

――ダイ・リース

プロもアプローチにパターを使う

国内ツアーをテレビ観戦していると、プロがパターでアプローチをするシーンをたまに見かける。

たとえば２０１９年、東建ホームメイトカップのブレンダン・ジョーンズ。最終日にスタートダッシュしてトップに立ったジョーンズは、バックナインに入ってから後続組の選手に追い上げられていた。

それでも最終72ホール目、パーで上がれば優勝できるだろうという状況で、グリーンオーバーしてしまう。そこからのアプローチは、上り坂のそれほど深くはないラフから、フエアウェイのように刈り込んだエリアとカラーを経て、ダウンヒルライのグリーンに打っていくシチュエーションだった。

ここでジョーンズはパターを選択したのだ。なんとしても寄せてパーをとりたい状況での選択だが、ラフと上り坂での減速度合いが読みにくそうで、解説者は「ウェッジのほうが簡単そうですけどね」と言っていた。

結果は、やはりラフと上り坂で大きく減速してショート。下りのワンピンほどの距離を残してしまった。幸い、このパットが入って１打差で逃げ切れたが、危ないところだった。

さらに同年、ワールドレディスチャンピオンシップの笠《りゅう》りつ子プロ。最終日は渋野日向子プロとペ・ソンウ選手の一騎打ちとなり、笠プロは３、４位争いをしていた。

最終72ホール目のＰａｒ５、笠プロの２打目はグリーンに乗ったかに思えたが、傾斜に流されて少し左に外れてしまった。

このアプローチは、まばらな感じのラフが50㎝ほどで、その後はカラーが50㎝、ゆるい上り坂のグリーンで２ピンほどの距離という状況だ。ここでうまく寄せてバーディなら単独４位という場面で、笠プロはやはりパターを選択した。

ジョーンズの場合よりは距離感が出しやすいように見えたが、結果は２ｍほどショート。

このバーディパットが入らず、4位タイとなってしまった。
タイの選手がアマチュアだったので賞金は減らなかったのかもしれないが、もしプロなら百万円単位で違っていただろう。

一見、失敗しているようだが……

「グリーン周りから、決まってウェッジを使う気取り屋がいる。パターで転がすのは沽券《こけん》に関わると思っているのだろうか。そんな人物を私は信用しない」

第二次世界大戦中に活躍したウェールズのゴルファー、ダイ・リースのこの名言のとおり、パターでのアプローチはもっとも安全で寄せやすいはずだ。しかし、先の例では必ずしもうまくいかなかった。

プロの技術があっても、ラフを転がるときの減速度合いや、砲台のように盛り上がったグリーンへの強い上り傾斜は、距離感の調節が難しいことがわかる。ぴったり寄せたいならウェッジを選択して、ラフやきつい傾斜を飛び越え、カラーかグリーンにバウンドさせたほうが、その後の転がりは計算しやすいだろう。

それをしなかった理由は、ジョーンズの場合は最悪でもボギーにしたかったからではないかと思う。プレーオフのチャンスが残るからだ。

同じく笠プロの場合は、バーディもほしいがボギーは絶対に避けたいと思ったのだろう。ボギーにしてしまうと、すでに3人いる5位タイグループに仲間入りしてしまうからだ。その賞金の落差はあまりにも大きい。

結果論ではあるが、2人がパターでのアプローチを選択したのは、その意味では正しかったといえるだろう。パターでのアプローチはやはり安全で、少なくとも最悪の事態を招くことは避けられるので、アベレージゴルファーもパターが使える状況では使ったほうがいい。

ところで、アプローチで使うパターを「テキサス・ウェッジ」と呼んだりする。テキサスのゴルフ場は雨が少なく、フェアウェイもグリーンも硬くなってしまうので、ウェッジでのアプローチはバウンドが大きく、スピンも利かない。それで、距離感をつかみやすいパターが多用されたのだ。

また、本場スコットランドのリンクスのゴルフ場も、海からの強風が吹きさらしで、やはりグラウンドが硬くなることから、アプローチでパターを使うことが多い。

このように、フェアウェイやグリーンが硬くなっている場合には、グリーンエッジから

10〜20ヤードも離れているようなフェアウェイからでも、パターでアプローチしているシーンがプロの試合でも見られるのだ。それで、冒頭のような名言が伝えられているのだろう。

ウェッジかパターか。状況を見極めよう

日本のゴルフ場は手入れがよく、よほど日照りが続かない限りはフェアウェイやグリーンがそれほど硬くなってしまうことは少ない。河川敷のコースでときどきあるぐらいだろう。

普通程度に水分を含み、それなりに軟らかさがある場合には、10ヤードものフェアウェイをパターで転がすときの減速度合いを読むことはかなり難しい。せいぜい1〜2ヤードの刈り込まれたフェアウェイであれば、あまり大きな失敗にはならないだろうが、それ以上の場合は強すぎたり弱すぎたりでグリーンに乗らないこともありうる。

また、ボールがラフにある場合には、長い芝の抵抗を読むことは困難なので、基本的にパターは選択しないほうがいいだろう（冬場でラフの芝が枯れている場合には使える状況もある）。

そうすると、日本ではアプローチでパターを使えるシチュエーションはけっこう限られてくる。

まず、グリーンを取り巻くカラーの部分では、なんの問題もなく使えるだろう。

花道のフェアウェイで、グリーンエッジまで2ヤード以内という状況でもおおむね使えるが、グリーンエッジからピンが近い場合や、傾斜がきつくデリケートなタッチが要求される場合には、ウェッジのほうが距離感を出しやすい場合もある。

逆に、ピンまである程度の距離があれば強くヒットできるので、フェアウェイ部分での減速をそれほど考えなくてもよく、パターは効果的だろう。

このような状況判断を十分にしたうえでアプローチにパターを選択したのなら、成功する確率はかなり高くなるはずだ。

パターでのアプローチは、少なくともそこから3打でホールアウトできる確率が非常に高い。うまくいけば2打でホールアウトできる可能性もあるが、少し失敗しても「3打ならいける」という心の余裕がその可能性を高めているともいえるだろう。

ゴルフは打数を競うゲームである以上、沽券に関わるなどと思ってやみくもにウェッジでアプローチするのは合理的でないと思う。

27 フォワード・プレスは、スウィングの一部である。

——チック・エバンズ

同年に全米オープンと全米アマで優勝

チック・エバンズはアメリカのアマチュアの名手で、１９１０年代～50年代に活躍した。１９１６年に全米オープンと全米アマの両方で優勝したが、同一年にこの２つのタイトルをとったのは、他にボビー・ジョーンズがいるだけである。

エバンズは生涯アマチュアで通し、全米アマには50回連続出場の記録が残っている。彼は裕福な家庭の生まれではなく、中流家庭といったところで、13歳のときにキャディのアルバイトをして家計を助けたのがゴルフとの出会いだった。

そのゴルフのおかげで、アマチュア選手としての名声を得て、多くの友人に恵まれ、豊かな人生を送ることができた——そう考えたエバンズは、ゴルフへの感謝の気持ちを忘れなかった。

ゴルフに恩返しがしたいと思ったエバンズは、ゴルフレッスンのレコードを発売したのだが、これが大ヒット。アマチュアの彼はゴルフで利益を得ようとは思っていなかったが、5000ドルもの印税が舞い込み、困惑してしまった。

そこで母親に相談したところ、こう助言されたそうだ。

「**ゴルフから得たものは、ゴルフに返しなさい**」

これに従い、印税の5000ドルはまずウェスタンゴルフ協会経由で供託預金にされた。それが、大恐慌前の景気のおかげで利子が積もり、13年後には1万2000ドルに達した。

そして、このお金をもとに、キャディをしている少年たちの奨学基金を始めたところ、彼のゴルフ仲間やその他の一般人からも寄付が殺到したという。その額は最終的に100万ドルを突破した。当時の100万ドルは、現在では10倍以上の価値があるはずだ。

1930年代といえば大恐慌の直後。エバンズがゴルフを通じて広めてきた人脈や名声がいかに大きいものだったかがよくわかる。

居合い抜きパフォーマンスで人気のあったプロゴルファー、チチ・ロドリゲスは誰にも

言わず密かに慈善活動をしていたが、あるときそれを知った記者がそのことを問うと、

「**俺のやっていることなんて、チック・エバンズのやったことに比べれば大したことはないよ**」と答えたそうだ。

エバンズの基金はいまも続いており、ＰＧＡツアーでは多くのプロがその意志を継いで、慈善活動を続けている。日本のプロにも見習ってほしいところだ。

プロもやっているフォワード・プレスとは?

さて、エバンズの冒頭の言葉は、１９５４年に青少年用のゴルフ教材として著した*Golf for Boys and Girls* に出てくる。

「**フォワード・プレスは、いわばスウィングに反動またははずみをつける一種の起動力の役割をなすもので、スウィングの一部である**」

「フォワード・プレス」は、テイクバックを始める直前、スムーズなバックスウィングを始めることができるよう、手・腰・ひざなどをわずかに前方へ動かしてその反動を利用する動きだ。

フォワード・プレスという言葉は、イギリスの伝統的なゴルフ用語にはなく、アメリカ

人が作った新語だ。それまでは、アメリカに移住したスコットランドのプロたちのスウィングの癖のように思われていたようだ。

それが単なる癖ではなく、スウィングの始動に重要な役割を果たすことがわかってきて、新語が誕生した。現在では、本家イギリスもこの言葉を使っている。

フォワード・プレスは、アドレスで固まってしまって始動のきっかけがつかめず、なかなかテイクバックを始められないプレーヤーにはぜひ試してもらいたい方法だ。

動きの大小はあるが、ほとんどのプロもやっている、アドレスから始動する直前にピクッとするような動きがフォワード・プレスだ。

手だけを前方へほんの少し動かすことが多いが、ゲーリー・プレーヤーは手と同時に右ひざも少し送るような動きをしていた。タイガー・ウッズも、手と腰をわずかに左側へ押しつけるような動きでフォワード・プレスをしている。

このようなフォワード・プレスを行うと、わずかに体重が左へ寄る。アドレスで左右均等に体重を配分しているプレーヤーなら、フォワード・プレスの瞬間に、左５・５：右４・５ぐらいの配分になる。

するとその反動効果で、右側への動き、つまりバックスウィングがよどみなく始動できるというわけだ。いったん左へ寄った体重が戻ってくるのに連動して、バックスウィングを始められるからである。

フォワード・プレスでイップス解消

アベレージゴルファーには、アドレスで呼吸のタイミングを計ったりしているうちに、スウィングを始めるタイミングを見失ってしまうプレーヤーがよくいる。

素振りだと難なくスウィングできるのに、いざボールにアドレスするとモゾモゾするばかりで、なかなか打てなくなってしまうのだ。そのまま時間が経過すると、筋肉が硬直し始めたりして、ますますスムーズなスウィングができなくなり、結果としてミスショットになる。

アドレスが完了したら（急ぐ必要はないが）モタモタせず、すみやかにスウィングを開始したほうが、いろいろな雑念が入り込んだり、肩に力が入ったりしなくていいのだ。自分なりのフォワード・プレスをルーティーンのなかで身につけておけば、このような症状はたいがい回避できるだろう。

チック・エバンズはフォワード・プレスの効果について、著書で次のように述べている。

「私はフォワード・プレスをスウィングの非常に重要な一部と考える。私はスウィングを始める直前に、両手を地上にソールされたクラブ・ヘッドより2インチほど前に出るくらいに押す。そのはずみで体重はわずかに左足に移り、それを反動としてバックスウィングを始めると、私にはスウィングが非常にリズミカルにやりやすくなっていいショットができるのだ。そのために、私はパッティングにもフォワード・プレスをする」

ここで注目したいのは、フルショットだけでなく、パッティングのような力加減をするショットにもフォワード・プレスが有効だと言っていることだ。

イップスやイップスっぽい症状は、とくにアプローチショットやパッティングのような、力加減を必要とするストロークに多く見られる。

どれぐらいの力加減をするかを考えたりしているうちに、筋肉のしびれや硬直が始まってしまい、ストロークを始められなかったり、震えたりしてギクシャクしてしまうのだ。

距離感を出すために力加減するショットやパットにも、ルーティーンにフォワード・プレスを加えると、多少なりともイップスのような症状が軽減するのではないかと思う。

イップスがないゴルファーでも、スムーズにストロークを始めることができれば、いいインパクトができて寄ったり入ったりすることも多くなるのではないだろうか。

28 カップに打つのではない。カップの1ヤード先に打つのだ。これで急速に上達するだろう。

——サンディ・ハード

巧みなアプローチショットで築いたロングキャリア

サンディ・ハードは１８６８年、セント・アンドリューズ郊外の農家に生まれた。以来スコットランドを出ることはほとんどなく、人生の大半をセント・アンドリューズで過ごしている。１９４４年に75歳で亡くなっているが、その5年前の１９３９年にはなんと71歳という高齢で全英オープン予選に出場した記録が残っている。

同時代、ゴルフ界にはハリー・バードン、ジョン・ヘンリー・テイラー、ジェームズ・ブレイドが「ゴルフ3巨人」と呼ばれたが、それは彼らが全英オープンの優勝回数が多かったからだ。

サンディは１９０２年にホイレイクで開催された全英オープンで優勝したのみだったので、マスコミは彼を「巨人」には入れなかった。ところが、こうした扱いにもっとも抗議したのが「３巨人」だった。

ハリー・バードンは、「**優勝を決めるのは、人知の及ばない部分での幸運と不運に負うもので、サンディには紙一重の運がなかっただけだ。私たちは彼からゲームのコツを教わり、実力では彼のほうが上だった**」とコメントを残している。

実際、全英オープンでのサンディは、優勝こそ1回だけだが、ほとんどベスト10に入り、常に優勝争いに加わっていた。１９２０年、52歳のときにもジョージ・ダンカンに２打及ばずの準優勝となっているし、１９２６年の全英プロマッチでは58歳で勝利。その息の長さには驚くほどだ。

平均16回ものワッグルをしたことから「ミスター・ワッグラー」と揶揄されたが、「(ワッグルをしないで)**深いラフに打ち込んでボールを探すより、断然消費する時間は短いさ**」と記者に答えたことでも有名だ。

「1本のクラブで10種類の球筋を打てる」と称賛されたサンディが息長く安定した戦績を収められたのは、ワッグルのおかげというよりもアプローチショットの巧みさにあったと思われる。

冒頭の言葉は、そのアプローチショットのコツについてサンディが残した名言である。

振り幅を変えるか、クラブを替えるか

アプローチは、高い球筋で寄せるのが得意な人、転がして攻めるのが得意な人、かたくなに1本のクラブで球筋を打ち分ける人など、プレーヤーによってスタイルが異なる。

ゴルフ好きで中部銀次郎さんとも親交のあった作家の三好徹氏は、使うクラブはＰＷに限定、距離は振り幅で調整、さらにボールの位置を左や右へ移動して、球筋の高低を変えて距離の微調整をするというタイプだった。

これに対し、銀次郎さんはボールの位置は一定、振り幅も大きくは変えない。ボールの落とし場所もグリーンエッジから50～１００cmほど内側と決めていた。クラブを５番アイアンからサンドウェッジまで替えて距離を調整する。

三好氏は、「**中部方式はすべてのクラブを練習し、マスターしている上級者にしかできない方法**」と言い、いつも同じＰＷだけを使ったほうがシンプルで、クラブに慣れやすく大きなミスをしないという持論を展開した。

一方、銀次郎さんは、三好方式ではボール位置も振り幅も変えるので、毎回スウィングが変わって複雑になる。クラブだけを替えてアドレスもスウィングも一定なほうがシンプルで確率は高い、と譲らない。

結局、議論は平行線のままだったそうだが、「三好氏がそのほうが確率高く、ミスが少ないと信じられるのであれば、それはそれでいいのではないか」と、銀次郎さんも自分のやり方を強要はしなかった。

アマチュア時代に中年の星と呼ばれ、シニアプロに転向した田村尚之プロは、すべてロブショットでアプローチする異色のプレーヤーだ。空中には障害物がないからアンジュレーションや芝目に影響されず、バンカー越えでもどこからでも同じひとつのショットで寄せられるというのが理由らしい。

このように、人によってさまざまであるが、一般ゴルファーにとって田村方式はやや難しすぎると思う。ロブショットはフェースの上をボールが滑るので、その滑り具合で距離がバラつきやすいからだ。

となると、中部方式か三好方式のどちらかとなるが、これは「ご自分に合っているほうをお選びください」としか言えない。

アベレージゴルファーがアプローチで一番犯しがちなミスはザックリで、その次がトップだろう。そのミスを減らすことがアプローチショットの結果を安定させると考えると、ミスがより少ないのは振り幅が小さいほうとなる。

その意味では、やはり中部方式がすぐれていると思う。ボールの落とし場所も常にグリーンエッジから少し内側あたりとすぐに決められて、あとはキャリーとランのイメージを実現できるクラブ選びをすればいいだけだ。

ゴルフ仙人ハーヴィー・ペニックも、マスターズ・チャンピオンのベン・クレンショーにボールをカップに向けて手でトスさせた。それと同じように飛んで転がるクラブを使えばいいと教えたのだ。

もちろん、状況によってプラン変更を余儀なくされることもあるが、基本的にはキャリーはできるだけ少なくしたほうが結果は安定し、確実なはずだ。

クラブごとに「キャリー」と「ラン」の割合が大きく変わる

そのうえでの冒頭のサンディの言葉だが、カップではなく1ヤード先を狙うと、上達が早まるというのだ。

パターのロフトは4度ほどだが、アイアンは5番でも26度前後のロフトがある。フェースが上を向いているので、パッティングと同じように打っても、ボールが空中へ浮くことになる。

そのとき、使うクラブによって強弱はあるが、バックスピンもかかる。このため、パターでストロークするよりもトータルの距離は短くなる。

このことを考慮して、カップを1ヤードほどオーバーさせるつもりで、しっかり打つことをサンディはすすめているわけだ。しっかり打つと、ダウンスウィングでヘッドを加速させることにつながり、ストロークを安定させる効果もある。よって、ザックリやトップのミスも減少するはずだ。

さて、中部方式のアプローチでは5番〜SWを使うが、一般ゴルファーはそこまでの本数を使い分けると、クラブ選択に迷ってスロープレーにもなりかねない。

サンドウェッジはバンカーへ入れてしまうおそれがあるときは保険の意味で持っていくとして、使わずに済めばそれに越したことはない。ロフトがもっとも上向きのSWは、力加減するショットではザックリやトップの危険がもっとも高いからだ。いわば、緊急避難用のクラブなのだ。

実際に使うのは7I〜AWの中から、ボールとグリーンエッジまでの距離を勘案して選択をするのが実戦的だと思う。銀次郎さんは、グリーンのカラーを少し外れただけの位置からは5番や6番のアイアンを使ったが、その状況なら一般ゴルファーはパターでいいことがほとんどだ。

グリーン周辺のアプローチでの、各クラブのキャリーとランの関係は次のとおりだ。

SW……キャリー80％：ラン20％
AW……キャリー60％：ラン40％
PW……キャリー40％：ラン60％
9I……キャリー30％：ラン70％
8I……キャリー20％：ラン80％
7I……キャリー10％：ラン90％

距離感については個人差があるので、これはあくまでも参考数値として、自分の距離感を把握しておくといい。

ボールからグリーンエッジまでが10ヤード、そこから20ヤードでカップがあるなら、PWを使う。全体の距離は30ヤードだから、その40%の12ヤードをキャリーさせる距離感で打てばボールはグリーンの少し内側に落ち、ランが18ヤード出て寄るという計算になる。これを基本に、実戦ではグリーンの傾斜などを勘案すればいいだろう。

とはいえ、あまり神経質に計算すると、なめらかなストロークができなくなるものだ。半径2・5ヤード以内に寄ればワンパット圏内と考え、直径5ヤードの円に寄せるイメージを持って気を楽にしたほうがミスは少ないだろう。同時に、カップの1ヤード先へ強気で打っていくことも忘れずにいたいものだ。

㉙ ゴルフという不思議なゲームの中で、もっとも不思議なゲームはパッティングである。

——ボビー・ジョーンズ

「パットがうまい」とはどういうことか？

数年前、ＰＧＡツアーのプロたちに「ＰＧＡツアーの中で誰が一番パットがうまいと思うか？」というアンケートをとったという記事を目にした。

そのアンケート結果で２位となったのは、「自分」という答えだったそうだ。

「パットは自分が一番うまい」と思っている選手がいかに多いかということだが、それほど自惚《うぬぼ》れるか自己暗示でもかけなければ、厳しく難しいセッティングのツアーのグリーンでは戦えないということなのだろう。

さて、２位の「自分」を抑えて、ツアープロが認めた1位のパット巧者は誰か？

それはタイガー・ウッズでもジョーダン・スピースでもなく、ジェイソン・デイだった。ツアープロの厳しい目で評価されてトップになったということは、デイは同伴プロたちに相当強い印象を与えるようなパッティングをしていると想像できる。

パットのうまさを何をもって判断するかは、人によって違うと思う。

●1～2mの短いパットをほとんど外さない
●3～5mの中距離のパットをよく入れる
●10m以上の長いパットをたびたび入れる
●時折、信じられないような超ロングパットが入る
●常にカップをオーバーさせてくる
●どんなに長くて難しそうなパットでも安全圏に寄せてくる
●最初のパットで距離を残しても、返しのパットはほとんど入れてくる
●3パットをほとんどすることがない。何ラウンドも3パットなしでいける

一般のアベレージゴルファーなら、これらのうちひとつでもあてはまれば、それだけで

もうパット巧者と呼ばれるだろう。

パットのうまさを数値で判断する材料としては、平均パット数が一般的だ。デイの場合は、２０１７〜18シーズンの平均パット数は１・７１２で5位だった。

平均パット数は5位でも、ツアープロたちはデイが一番うまいと評価した。それはなぜなのか？

「パット貢献度」で見るツアープロのランキング

最近のツアーでは「パット貢献度」というスタッツがある。これはグリーン上のパフォーマンスで、ツアー平均と比較してどれだけスコアを稼いだかという、１ラウンドあたりの「パット貢献度」を評価するＰＧＡツアーのスタッツだ。

ある距離からのパッティングのツアー平均が１・３だった場合、ワンパットで決めれば＋０・３、２パットなら－０・７となり、大きな数値を残すほど、そのツアーでパッティング巧者であることがわかる。

わかりやすく言えば、「ツアー平均よりワンパットで入れる回数が多く、そのワンパットのおかげでパーをセーブしたりバーディをとったりしてスコアに貢献している度合い」

ということだろう。

この「パット貢献度」のランキングでデイは1位であり、そのスタッツは＋０・８４９だ。＋０・８台はデイひとりのみで、＋０・７台が2人、＋０・６台でも5人しかいない。

ちなみに、復活優勝を遂げたタイガー・ウッズは＋０・３０４で39位、日本代表の松山英樹プロは＋０・１１５で80位タイだった。

そうなると、デイの＋０・８４９という数値はずば抜けてすごい。ツアープロ仲間が1位に評価するのもわかるというものだ。

名手の誉れ高いジョーダン・スピースは、意外なことに−０・０８８で１３６位とツアー平均以下に低迷している。ここ数年優勝できていない原因は、どうもここにあるようだ。

スピースは年間王者に輝いた翌年の２０１６年は＋０・７５８で2位と、間違いなくパット巧者なのだが、これは冒頭の球聖の言葉どおり、「パッティングはゴルフの中でもっとも不思議なゲームだ」ということをある意味証明している。

ちなみにスピースが2位だったこの年も、1位はジェイソン・デイだった。

名手スピースでさえこうなのだから、一般アマチュアが「昨日はよく入ったのに、今日はボロボロで50㎝のパットすら外してしまう」なんてことは、日常茶飯事だ。それでもなんとか好不調の波を小さくして、いつも安定的にまずまずのパッティングをしたいと願うのはゴルファーの常であろう。

しかし、この不思議なゲームは一筋縄ではいかない。ラインを読むのに、読めば読むほど、考えれば考えるほど、だんだんわからなくなってしまうのだ。

入らないまでも、「軽く2パット」と距離感に集中すればするほど手は思いどおりに動かず、大オーバーや大ショートしてしまう。

まっすぐに打ち出せば入るショートパットなのに、慎重に打ち出したはずが引っかけたり、押し出したり……という具合だ。

結果を考えず、いいストロークだけを心がける

「うまくパットするただひとつの秘訣は、不注意にパットすることだ。これは多くの心理を持ったパラドックスである」（サー・ウォルター・シンプソン）

この諧謔《かいぎやく》的な名言のとおり、子どものように純真に、ただカップに向かって、無造作にパッティングしたほうがいいのかもしれない。

しかし、それで外すとやっぱり後悔してしまうのも、またゴルファーの悲しい性である

から厄介このうえない。

そこで、1位のデイがパッティングに関してどう言っているかを聞いてみよう。

「結果のことはあまり考えず、いいストロークだけを心がけている」（ジェイソン・デイ）

考えてみれば、ある程度の距離があるパットで、「ライン読み」「打ち出し方向」「距離感」のすべてが思ったとおりで、さらにカップインしたということは、100回に1～2回あるかどうかではないだろうか。

カップインしたパットでも、「強すぎたのが入った」「引っかけてしまったのにラインが読みと違って入った」「打ち損じて外したと思ったらなぜか入った」というようなものも多く、「ライン読み」「打ち出し方向」「距離感」の3つすべてが思ったとおりで、結果もカップインするのは稀なのだ。

そうであれば、ラインを決めてアドレスしたら、スムーズにストロークすることだけを考えたほうが、かえって結果はいいのかもしれない。

伝説的なパット名手として呼び声高いボビー・ロックは、次のように言っている。

「私もこのパターでずいぶん多くの重要なパットをミスしたが、そのつど私は自分の打ち方が悪かったのだと思っただけですよ」

ボビー・ロックも、ミスしたときは打ち方（ストローク）が悪かったとだけ思っていたのである。

ミスをするのはパターのせいでも、ライン読みのせいでもなく、ストロークが悪いことによって起こると考え、スムーズなストロークだけを心がける。そして、結果を一切気にしない。

これでうまくいくかどうかは、なにしろ「ゴルフの中でもっとも不思議なゲーム」であるからわからない。それでも、いいストロークができたときには、少なくとも「入らなくても仕方ない」と納得することはできるのかもしれない。

それでメンタルが乱れず、終始落ち着いていられるのならば、いいスコアに貢献できる可能性は大いにある。

30 パッティングだけは、一生取り組んでも上達の保証がない。だから、無心に練習するしかない。

――ラリー・ド・サンシュヴェール

パットは1ストロークごとに調子が変わるもの

ラリー・ド・サンシュヴェールは、フランス女子ゴルフ界伝説のプレーヤーだ。

１９３９年、19歳のときの世界ナショナル選手権で、上がり４ホールで３打のビハインドから奇跡の４連続バーディで逆転優勝し、フランス中が大喝采したという。ナショナル大会だけで63勝、クラブ選手権なども含めると１２０勝以上したというから、英国ほどゴルフが盛んではないフランスの女子アマゴルファーとしては突出している。

そんな達人ともいえる彼女でさえ、冒頭の言葉のような心境なのだ。一般のアベレージゴルファーも上級ゴルファーもミスパットするのが当たり前。神経質になって大げさに嘆くのは、格好も悪いのでやめたほうがよさそうだ。

「**打てば打つほど迷いばかりが増えてしまうのが、パッティングなのだ**」と彼女は言っている。

悩んだ末に長尺パターにたどりつき、なんとかやっと、そこそこのパッティングができている私などは、「打てば打つほど迷いばかりが増えてしまう」というフレーズに共感せざるを得ない。

「**パットがうまい人は、ゴルフの難しさが半減する**」とも言われる。

パットに自信があれば、グリーン周辺からのアプローチショットにもプレッシャーがかからない。そうすると遠くからグリーンを狙うショットも楽に打てる。こういう具合に、連鎖反応でゴルフが楽になるからだ。

パッティングのストロークそのものは、ゴルフの技術のなかでもっとも単純なものだ。ラインをまたいではいけない、グリップをアンカーしてはいけないなどのルール違反をしなければ、グリップもフォームもさしたる決まりがあるわけではない。

目標に向かって打ち出す、たったこれだけなのである。だから30～40年もやってるシングル・ハンディキャッパーよりも、初めてパターを持って1時間ほど遊んだ小学生のほうがカップインの確率が高かったりもするのだ。

打てば打つほど迷いばかりが増え、初心者のほうがカップインするのなら、パットの練習などせずに初心者のままでいたほうがいいことになる。それでもサンシュヴェールは、「上達の保証はないけれど、無心に練習するしかない」と言うのだ。

おそらくこれは、無心にストロークできるように練習する、ということなのだろう。子どものように、無邪気にカップめがけてストロークできるように、自分が無心になることを練習する。つまり、これはストロークの練習ではなく、心（メンタル）の練習なのだ。

最初に見た「1本のライン」だけを考える

パッティングの名人として知られる、1900年前後に活躍した全英オープン覇者ウィリー・パーク・ジュニアは、メンタルからのパットのコツを次のように唱えている。

「心理面ではあまり長時間ラインに視線を凝らしてはいけない。早く決めて距離だけ届かせることだ」

また、**「子どもなどの初心者は『1本のライン』しか考えないから成功率が高いのだ。ところが、ゴルファーは経験年数が1年増えると1本ラインを増やしてしまう傾向がある。**

しかし、人は最初に見たライン以外に打てないものなのだ」と、経験者ほどカップインの確率が低下してしまう理由を説いている。

無心にストロークするために重要なのは、「最初に見た1本のラインだけを考え、距離だけを届かせるように自分のメンタルをコントロールしていくこと」だといえるだろう。

このように、カップインの確率を上げるのはメンタル面の要素が大きいのだが、一方で３パットの確率を低下させるのは技術面の要素が大きい。

１９５０年頃、とくにチップショットとパッティングに関して並ぶ者なき名コーチとして知られたのが、イタリア系プロのフィル・ガルバノだ。

簡潔にして的を射たレッスンを受けに多くのツアープロが彼のもとを訪れたが、そのなかに１９５０年代に活躍したアマゴルフ界の天才、ヒルマン・ロビンズがいた。

ロビンズは、もともとパッティングが得意だと自負していた。しかし、あるとき突然入らなくなり、距離感までおかしくなってきて、試合での大事な上がり３ホールをすべて３パットするなど、途方に暮れてしまっていた。

20歳までに32個のタイトルをとったほどの天性のパット名手がこうなってしまうのだから、パッティングは恐ろしい。

ワラにもすがる思いで教えを乞うたロビンズに、ガルバノはパッティングが不調になるメカニズムを次のように説明した。

「パットの不調には順番がある。まず両手の一体感が失われて、左右の手が別々に動き出す。いまの君がそうだ。とくに右手がよく動いて左手の動きが鈍い場合、スランプは一層ひどくなる」

「次に、ボールをヒットする前に顔が上がるルックアップをやり始める。君も、打つ前に目がカップのほうへ動いているよ。ルックアップすると打点がブレるようになり、距離感音痴になる。３パットが多くなるのは、そのせいだ」

ロビンズは教えに従った。両手のグリップに一体感を持たせ、ルックアップしないように徹底することで確実に芯にヒットさせ、距離感だけに集中して、5mのパッティングを朝から晩まで練習した。

それから1週間後の全米アマ選手権に出場した彼は、勝負どころのパットをよく決めて、その年（１９５７年）のチャンピオンに輝いたのだった。

パットシングルには誰でもなれる

カップインの確率を高めるウィリー・パーク・ジュニアの唱えるパッティングのコツと、距離感の精度が上がるフィル・ガルバノの教えを総合的に取り入れれば、３パットは減少してカップインの確率も上がるだろう。

ショットは相当な練習量を積まないと上級者にはなれない。しかし、パッティングはいま１００が切れないゴルファーでも、上級者と同じようなパット数でラウンドできるようになるのに、それほどすさまじい練習は必要ないのだ。ただ、家の絨毯《じゅうたん》で20〜30球転がすことを日課にすればいい。これなら誰にだってできる。

仮に、1ラウンド平均パット数が32打になったとしよう。そうすると、80台でラウンドするには89−32＝57打をショットに費やせる。

すべてパーオンした場合のショット数は36だから、それより21打も余計に打てるのだ。18ホールでいえば、ボギーオン15Ｈとダブルボギーオン３Ｈでいいことになる。

シングルプレーヤーでも平均パット数は30〜33打あたり。アベレージゴルファーは、まずパットシングルになることを目標にしてはどうだろうか。

シングルになりたいなら、そのあとにショットやアプローチの精度を上げればいいのだ。

31 パッティングだけは、練習するほどうまくなる。

――ジョージ・ロー

「116ホール連続3パットなし」の記録の秘密

ジョージ・ローは１９５０年頃のプロゴルファーで、無類のパット巧者として知られている。一方、ショットのほうには問題があったようで、目立った成績は残せていない。

彼は「**おそらく、俺は世界一パッティングがうまい**」と自ら言うほどで、試合会場へ出かけてはプロを相手にパッティング・グリーンで賭けをやり、それだけで生活費を稼ぎ出していたという。

パッティングに限っては、どのプロゴルファーもローに一目置いていた。アーノルド・パーマーやジャック・ニクラスでさえも、ローに教えを乞うたことで有名だ。

初期のジョージ・ロー・モデルのＬ字形パターは、ニクラスが長年使っていたこともあって名器としての評判が高く、バブル時代には１０００万円ぐらいしていた。

ローには、１１６ホール連続で３パットなしという記録がある。これだけでも、ローがパッティング名手としていかに傑出していたかがおわかりいただけるだろう。

「**いくら頑張っても、飛距離は持って生まれたものだ。ないものねだりをしても無駄**」というのが口癖で、そのあとに冒頭の名言、「**パッティングだけは、練習するほどうまくなる。他のどんなショットと比べても、同じ練習時間なら、進歩が顕著に現れるのがパッティングだ**」と言っていた。

この言葉どおり、ローはパッティングの練習に多くの時間を割いていた。朝、１番ホールをスタートするプレーヤーが、練習グリーンでボールを転がしているローを見かけたが、18番を終わって戻ってきたときもまだローは同じ位置で同じ距離（１ヤードのショートパット）を練習していたという逸話が残っている。

およそ５時間、少年キャディがボールを拾い集めてくる時間以外、１ヤードのパットを打ち続けていた。その根気たるや恐れ入る。

ローは「**１ヤードに自信が持てれば、カップを中心にして直径２ヤードの大きな円の中**

にボールを入れるだけで、確実に２パットで上がることができる」と言い、この１ヤードのパッティング練習こそが３パットをしない秘訣だと説いた。

中部銀次郎さんなど多くの名手もこれとまったく同じことを言っているので、３パット撲滅のための練習法のひとつとして、間違いないだろう。

パットがうまい人はフォロースルーが小さい

ところが、上には上がいる。なんとプロの試合で４４９ホール連続３パットなしという、とてつもない記録の保持者がいるのだ。

２０１１年の欧州ツアー、ＰＧＡツアー両方の賞金王、ルーク・ドナルドである。ジョージ・ローの時代とはコースや道具、グリーンの状態も違うから単純比較はできないとはいえ、ローの１１６ホールに対して、ルークの４４９ホール連続はすごい。

では、ルークは３パットしない秘訣をなんと言っているかというと、次の２点だ。

●基本どおり、打ち出すラインが目の真下にくるようにアドレスする

●ヘッドを加速させながら打ち抜く「ソリッド・コンタクト」をする

３パットになるとき、ロングパットで距離感が合わず、セカンド・パットを１ｍ以上残してしまうことが多い。１ヤード以内に自信があっても、そこに寄らなければ、セカンド・パットを外す確率は高くなるのだ。

だから、ルークは寄り切らなかったパットを入れまくって、４４９ホール連続という記録を作ったのではなく、ほとんどを１ヤード以内の円に入れたのだろう。

ルークは宮崎で開催されたダンロップフェニックストーナメントで２０１２年、２０１３年と連覇しているが、そのときの放送を見ていて、どんなに長いパットでも50㎝程度に寄せていたのが印象に残っている。解説していた世界が認めるパット名手、青木功プロもあきれるほどの距離感の正確さだった。

その極意が前述の２点なのだが、最初の「目の真下」は、誰もが知る基本のキであり、実践もしているだろう。だが、２点目の「ソリッド・コンタクト」はどうだろう？

普通のプレーヤーは距離を合わせたいとき、フォローを大きくとって感じを出すことが多い。しかし、ルークは「小さなテイクバックで大きくフォローを出そうとすると、ヘッドを加速させながら芯でボールをヒットするソリッド・コンタクトができない」という。

ハンマーで釘を打つときは、大きく振りかぶって、打ち下ろしたら終わりのはず。パッティングもこれと同じイメージだと言うのだ。小さく引いてコツコツ打つのでは、かえってしっかり芯で打てない。大きく振りかぶって、的に向かってパチッと打つ。フォローは打ったら終わり。それがソリッド・コンタクトなのだそうだ。

私がゴルフを覚えた頃は、高麗芝のグリーンが多かった。その時代には、たしかにパチッと打つ「タップ式」と呼ばれるストロークがいいとされていた。

しかし、ベント・グリーンが主流となると、「ストローク式」と呼ばれる、緩慢な加速でゆっくりインパクトするのが適していると言われるようになった。このため、ルークの言う「ソリッド・コンタクト」は古い技術と思われていたみたいだが、それは誤解のようだ。

「うまい人のパッティングを観察してください。フォローをダラダラといつまでも流している人なんていないはずです。フォローを大きくしようとするから、ルックアップしたり、ボールを追いかけて頭が前に動いたりと、パッティングのＮＧムーブを連発することになるのです」

この言葉が、ルーク流3パット撲滅の秘訣のようだ。言われてみればたしかに、ジョーダン・スピースもタイガー・ウッズもフォロースルーは小さい。
フォロースルーを大きくとって、距離感を出そうとしているプレーヤー（私もそうだ）にとっては、目から鱗ではないだろうか。

無心に練習するしかパッティング上達の道はない

このように、ゴルフではそれまで常識と思われていたことが、突然、誰かによって考え違いだったと気づかされることが多々ある。だから、「本当は逆の意味のことを言っているのでは？」と思う名言もよくあるものだ。ジョージ・ローいわく「パッティングだけは、練習するほどうまくなる」だが、前項に出てきたフランス女子ゴルフ界のレジェンド、ラリー・ド・サンシュヴェールは「**パッティングだけは、一生取り組んでも上達の保証がない**」と悟ったように言った。

これだけを聞くと、ローとは真逆じゃないかと思うかもしれない。しかし、前後の言葉まで聞くと、またニュアンスは違ってくる。

「ショットには、その日の調子というものがあります。ところがパッティングだけは、その日どころか１ホールごと、１ストロークごとに調子が違います。打てば打つほど迷いば

かりが増えて、結局長い人生で得た結論はひとつ。これは一生取り組んでも上達するものではない。だから無心に練習するしかない」

そう、ローと同じく、無心に練習するしかパッティング上達の道はないというところで一致しているのだ。

ジョージ・ローもルーク・ドナルドも、ラリー・ド・サンシュヴェールも、みなパッティングの名手だったことは間違いない。それぞれにそれぞれの表現をしているが、「毎回、しっかり芯で打てるように練習すること」こそが３パットを減少させ、パッティング巧者になる秘訣のようだ。

32

ゴルフでもっとも重要で、もっとも守られない鉄則は「目をボールから離すな」

――グラントランド・ライス

なぜルックアップは直らないのか？

ゴルフに関する警句で知られたアメリカのゴルフ・ライター、グラントランド・ライスは、１９２６年の著書 *The Duffer's Handbook of Golf* にこう書いている。

「ゴルフでもっとも重要な鉄則で、もっとも守られないのは、『目をボールから離すな』ということだ」

　これは当たり前のようだが、スコットランドでも“Keep your eye on the ball.”と、ルックアップを戒める言葉は古くから言い伝えられている。この言葉はスコットランド訛りで言われることも多く、「おそらくスコットランドでゴルフが発祥して最初にできた格言ではないか」と『不滅のゴルフ名言集①〜③』（ベースボール・マガジン社新書）の著者でゴルフ史研究家の摂津茂和氏は見ていたようだ。

それほど昔から言われてきたことなのに、ライスの言うように守られていないというわけだ。しかも、初心者のみならず上級者やプロでさえ、やらかしてしまうミスなのだ。ルックアップは、インパクトと同時かその直後に顔を上げることだと思っているプレーヤーは多い。しかし実際は、インパクトの前に顔が上がったり、少なくとも視線を外してしまったりしている。つまり、ボールを見ずに打っているのだ。

そのミスの原因はいろいろあるだろうが、一番は「ボールが曲がるかもしれない」という恐怖心で、打球の行方を早く見たいという焦りであろう。

プレーヤーの心の中で起こったことが要因なので、自分では気がつかずにルックアップしているのだ。とくに、重要な場面や困難なショットをするときにやらかしやすい。

全英オープンなどのテレビ中継では、深いラフからミスショットをしたときなど、リプレイが映し出されることがある。そういう映像を見ていると、ボールが10㎝も動かないような空振りに近いミスショットなのに、顔はグリーンを向いていて「あれ？　ボールはどこへ行った？」なんてキョトンとしていたりする。

ボールをしっかり見ながらインパクトしていたら、ボールはほとんど動いていないのだから、まだそこにあるとわかるはずだ。打つ前に顔が上がってしまっているわけだ。

名手たちはボールのどこを見てショットしているのか

では、名手たちはどのようにボールを見てショットしているのだろうか？

ゴルフ3巨人のひとり、ジョン・ヘンリー・テイラーは、「たしかにアドレスではしっかりとボールを見ているが、スウィングを始動してからはボールのあるあたりを漠然と見ていて、あまり凝視してはいない」と言っている。

ところが、こちらも3巨人のひとり、ジェームズ・ブレイドは次のように述べている。

「グリップ、スタンス、スウィングその他すべての点がうまくおこなわれているのにショットがうまくゆかない場合は、まずボールを見ているかどうかを自問自答してみることだ。なぜならそういう場合、九分九厘ボールをよく見ていないことが原因しているからだ。だが、漫然とボール全体を見ているのではボールを見ているとはいえない。精神を集中して、打とうとするボールの一点を凝視するのだ。ボールの上ではなく、ボールの真横だ」

テイラーとはまるで反対のことを、明快に教えているのだ。

おそらくだが、テイラーはバックスウィングでボールを見つめすぎて肩がしっかり回転しないことを警戒していたのだと思う。だから、ダウンスウィングに移ってからは、それなりにしっかりボールを見ていたのではなかろうか。

バックスウィングでしっかり肩を回すと、どうしても顔が少し右向きに動くものだ。よって、トップ・オブ・スウィングではやや横目でボールを見る感じになる。このとき、ボールをしっかり見続けようとすると左肩が深く回りづらいものだ。

だから、トップ・オブ・スウィングで目がボールから遠ざかるのは、ある程度は仕方がない。ダウンスウィング以降、とくにインパクトでは、やはり一点を凝視するぐらいよくボールを見るのがいいようだ。

ゴルフ評論家のジョージ・グリーンウッドも、著書で次のように書いている。

「ボールを見よということは、ぼんやり見ているのでは見ていないも同然で、むしろ無用である。本当によくボールを見るためには、自分で『しっかり見ているぞ』と言えるぐらいにしなければならない。ボールを凝視することは、同時に頭を動かさないことを意味するのであって、ボールを打ったあとのディボットの穴までも見届けなければならないのだ。このことはとくにショートアイアンに絶対必要である」

「そんなことは百も承知だ」と思うかもしれないが、この金言だけは繰り返し言い聞かせながらプレーするのが賢明のようだ。

ボールのどこを見るかも重要だ。中部銀次郎さんは、「**通常はボールの右側を見る。低いボールを打ちたいときはボールの左側、フックボールを打ちたいときはボールの上側、スライスボールを打つときはボールの下側を見る。視線を変えるだけで球筋が打ち分けられる**」とさえ言っている。

「一点凝視」がスコアアップへの近道

ルックアップのミスが起こるのは、フルショットよりもショートゲームに多いかもしれない。アプローチショットは、とにかく結果を早く見たいと思いがちだからだ。

アプローチショットではザックリのミスがもっとも多いが、ルックアップするとトップのミスも出るから厄介だ。

プロの試合で、グリーンエッジまで30ヤード、ピンまで50ヤードぐらいのアプローチを、あきらかにルックアップしてトップのミスとなったが、ほとんどゴロで結果オーライ、打った本人は苦笑いしていたのを見たことがある。そこでボギーだと優勝できないかもしれない、という大事なアプローチだったので、よほど結果を早く見たかったのだろう。

ザックリを避けるなら、ボールの左側を見たほうがダフりにくい。そのうえで、インパクトまでしっかりボールの左側を凝視することでトップのミスも避ける。これを常に意識するだけで、グリーン周りでもったいない打数を稼いでしまうことが相当減るはずだ。

では、パッティングではボールのどこを見るのがよいのか？

これについて、カナダのカルガリー大学で興味深い実験が行われたそうだ。ある程度上達した中〜上級者を対象に、パットがうまいグループと下手なグループに分けて、パッティングの際にどこが違うのかを検証したのだ。

その結果、パットが下手なグループは、アドレスしてからパットを打つまでに視線が一点に集中せず、ボールのあちこちを見ていたという。

パッティングのイップスに悩む人は眼球の動きが速いという調査結果もあるが、そこまでではないものの、視線に落ち着きがないのがパット下手のグループのようだ。また、カップを見るときも一点に集中せず、あちこちに視線が移っていることがわかった。

これに対し、パットがうまいグループは、ボールもカップも一点に集中して見ている傾向が強く出ていたとのことだ。これは、ストレートラインのショートパットでの実験のためカップの一点を見ていたようだが、ロングパットではスパットとなるような何かに視線を集中するようだ。

ボールについては、真上か右側（後ろ側）を見ているようだった。そこで、真上と右側のどちらを見るといい結果が得られるのかの実験も行ったところ、正確性が高いのはボールの右側で、ストローク中2〜3秒見つめ続けていたとのことだ。

ボールの右側は、パターのフェースとボールが当たる場所だから、より正確に芯でインパクトできることがよい転がりを生み、正確性が増すのであろう。

この実験は右や左に曲がるラインでも行われたが、結果は同様だった。ターゲットをしっかりと点で狙い、ボールとフェースが当たる一点を集中して見つめながらストロークし、インパクト後もボールがあった場所をしばし見ているぐらい視線を外さないパッティングがよくカップインするようだ。

「いつも漫然とボールを見ている」というゴルファーは多いのではないだろうか？「ボールをよく見る」は、フルショットからパッティングまですべてのストロークに関係することだ。ボールの一点を集中して見ることを意識するだけで、スコアの改善につながるのではないだろうか。

33 君が来たときよりもいい状態にして、コースから立ち去れ。

——ピーター・ヘイ

キャディなしのセルフ・プレーで注意すべきポイントは？

ピーター・ヘイは１８８５年、スコットランドのアバディーンで生まれた。「リンクスのお殿様」の愛称でよばれ、晩年はペブル・ビーチ・ゴルフリンクスの所属プロとして過ごした。

ペブル・ビーチの門の向かい側にあるＰａｒ３は“Peter Hay Golf Course”と名付けられ、これもペブル・ビーチが管理している。

ヘイはマナーの悪いプレーヤーを見つけると厳しく注意したが、ギャラリーの観戦態度にも指導を怠らなかった。そんな姿を見て、球聖ボビー・ジョーンズは「**世界でもっとも**

偉大なゴルフ・マーシャル」と賛辞を贈ったものだ。

冒頭の名言は、ゴルファーが抱くべきコースへの感謝の念と愛情、あとからプレーする他のゴルファーへの友情を示すものとして、長く伝えられている。

昨今は、キャディさんのつかないセルフ・プレーを導入しているコースが多くなってきた。キャディ・フィーが加算されない分、プレー・フィーが安くなり、「ゴルフは金持ちの遊び」ではなくなり、気軽に楽しめるようになったことは喜ばしい。

しかし、「セルフ・プレーを導入したら、すぐにコースが荒れた」という話もよく聞く。それは、冒頭の名言やマナーを知らない未熟なプレーヤーが増え、キャディさんの代わりに自分自身ですべき仕事を理解していないからではないだろうか？

私は学生時代に先輩プレーヤーのキャディを務めたり、ラウンド練習費用をまかなうためにキャディのアルバイトをしたことがあるが、キャディの仕事はけっこう多いものだ。

大昔は、プレーヤーひとりに対してキャディさんもひとりついた。その後、手引きカートが導入され、ひとりのキャディさんが2人のプレーヤーを世話するようになり、電動カートの導入により、現在はひとりで4人のプレーヤーのクラブを運ぶようになった。

キャディさんの仕事で、各プレーヤーのプレーをサポートするものとしては、

●コースの説明。ＯＢやハザードの存在の通知、狙い目の方向など
●グリーンやハザードまでの距離の伝達
●クラブの運搬・受け渡しと管理
●グリーンでのパッティングラインのアドバイス
●ボールやクラブを拭くなどの手入れ

といったものがあるだろう。これらをキャディさんひとりで４人のプレーヤーに対応しなくてはならないのだから、けっこう忙しい。

最低限、自分が作ったディボットは修復しよう

プレーヤーのなかには、延々とコースレイアウトについて質問したり、パッティングラインを根掘り葉掘り聞いたりして、キャディさんを独占してしまうようなタイプがいる。キャディさんは他のプレーヤーの世話もしなくてはいけないのだから、このように独占されては仕事が行き届かなくなる。セルフ・プレーのときは説明を聞こうにもキャディさん

はいないのだから、普段から自分のことは自分で判断する癖をつけるべきだろう。

上級者ほど、このようなキャディさんのサポートを必要としないものだ。自分でコースレイアウトを考えて狙いどころも決める、残りの距離もクラブ選択も自己判断する、パッティングラインも自身が読む。これができる上級者は、キャディさんつきのプレーでも多くを聞くことはない。

これらのプレーヤー・サポート業務は、本来は自分自身の判断が正しいかどうか確認するためのものがほとんどなので、セルフ・プレーになったとしても自分が多少困るだけで済む。

しかし、キャディさんの仕事には「これをやらないとコースの維持にかかわる」というものがある。この場合、セルフ・プレーではプレーヤー自身がこの仕事を代行しないと、コースが荒れ、他のプレーヤーへの迷惑にもなってしまうだろう。

まず、やっているプレーヤーがほとんどいないと思われるのは、アイアンなどで削ってしまったディボットへ目土を入れる作業だ。

Ｐａｒ３のティーイングエリアには、目土とシャベルの入ったバケツが置いてあったりするので、殊勝なプレーヤーならそれを使用しているかもしれない。

しかし、目土袋がゴルフカートに載せられていたとしても、それをフェアウェイでのアイアンショットの際に持っていくプレーヤーはまずいないだろう。

目土を入れるか否かで芝の修復スピードはかなり違うそうなので、できるだけ自分の削ったディボットは自分で修復しておきたいもの。常に目土袋を持ち歩き、他人が掘ったディボットまで手当てできれば最高だ。

セルフ・プレーこそゴルファーとしての洗練が必要

次に、グリーン上についてしまったピッチマークや、スパイクを引きずった痕跡の修復。グリーンに上がったら、自分のショットで作ったピッチマークは直しているプレーヤーも多いだろう。

その際、ついでにと言ってはなんだが、近くに修復されていない他人のピッチマークやスパイク痕があれば、それも直しておくことが望ましい。

ラウンドした全員がディボットへの目土入れやピッチマークの修復を心がけたら、18ホールを上がったときには、相当数のコース修復ができているはずだ。

バンカーならしも大事な仕事だ。ほとんどのプレーヤーは、自分が打ったバンカーは綺麗にならしてから出ているだろう。しかし、バンカーからホームランでまたトラブル、というようなこともある。キャディさんがいれば、「バンカーはならしておきますから、次を打ってください」とお世話してくれるが、セルフではそうはいかない。

こういうときは、すでにオン・グリーンしていて余裕のある他のプレーヤーが代行してあげると、プレーの進行が早くなる。

また、自分が荒らした箇所だけでなく、周辺に他のプレーヤーが残した足跡などがあるようなら、ついでにならしてしまうことも後続のプレーヤーの助けとなる。

最後に、“Play Fast” と安全の管理だ。

キャディさんがいると、「ちょっと前の組とあいてしまったので、追いつきましょう」なんて声をかけたり、ショットするプレーヤーの前方に他のプレーヤーがいるようなときも、「後ろから打ちま〜す」と注意喚起してくれる。プレーの進行を遅らせないようにしたり、安全なプレーを確保することも、キャディさんの仕事としてなくてはならないものだ。セルフ・プレーでは、同伴競技者全員でこれらの注意をしあうようにしないといけない。

このように考えてくると、セルフ・プレーは、むしろ洗練されたプレーヤーでないとうまくできないのではないかとも思える。

セルフ・プレーはプレー・フィーが安くなり、ゴルフのハードルが低くなるようにも感じるかもしれないが、ゴルファーとしては逆に洗練されていなければならないのだ。

「君が来たときよりもいい状態にして、コースから立ち去れ」

この名言を忘れずに実践してセルフ・プレーの達人になることは、マナーの洗練されたゴルファーになることでもあるのだ。

参考文献

夏坂健『ゴルフ・プレー前夜に読むクスリ』知的生きかた文庫、１９９２年

夏坂健『夏坂健セレクションⅡ　スコアは天使の匙加減』ゴルフダイジェスト新書classic、２００７年

夏坂健『だからゴルフはやめられない』幻冬舎文庫、１９９７年

夏坂健『騎士たちの一番ホール　不滅のゴルフ名言集』日経ビジネス人文庫、２００４年

夏坂健『昭和天皇のパター』日経ビジネス人文庫、２０１５年

摂津茂和『不滅のゴルフ名言集①～③』ベースボール・マガジン社新書、２００９年

ハーヴィー・ペニック、バド・シュレイク『ゴルフレッスンの神様　ハーヴィー・ペニックのレッド・ブック』本條強訳、日経ビジネス人文庫、２００５年

ハーヴィー・ペニック『ハーヴィー・ペニックのゴルフ・グリーン・ブック』菊谷匡祐訳、集英社文庫、２００４年

中原まこと作、政岡としや画、中部隆原案『中部銀次郎のゴルフ①②』ゴルフダイジェスト新書classic、２００８年

中原まこと作、政岡としや画『中部銀次郎の第一打』ゴルフダイジェスト文庫、２０１１年

杉山通敬『ゴルフ花伝書』ゴルフダイジェスト新書classic、２００８年

鈴木康之『ゴルファーは開眼、閉眼、また開眼　レッスンより効く賢者の一言』
日経ビジネス人文庫、2011年

鈴木康之『ピーターたちのゴルフマナー』ゴルフダイジェスト社、1999年

鈴木康之『脱俗のゴルフ　続・ゴルファーのスピリット』
ゴルフダイジェスト新書、2009年

本條強『中部銀次郎　ゴルフ珠玉の言霊』日経ビジネス人文庫、2012年

久保田滋『ザ・ゴルフ　ゴルフ名言集』出版芸術社、2006年

三好徹『中部銀次郎のゴルフ哲学』日経プレミアシリーズ、2011年

「『これでやっと練習する意義が出てきたね』タイガー・ウッズが
日本の女子大生ゴルファーに教えたこと」みんなのゴルフダイジェスト、
2019年10月23日 https://www.golfdigest-minna.jp/_ct/17312284

「脳は『No』を理解できない！ マイナスなイメージは実現しやすい！」
Gridge https://gridge.info/articles/1543

「『1サムでスピード記録を出したい！』渋野日向子 次なる狙いは1人ラウンド？
【きょうの〝パンチショット〟】」 ALBA.Net、2019年10月6日
https://www.alba.co.jp/tour/news/article/no=136823

「映画『グレイテスト・ゲーム』と『実話』について（Part 2）」
Golf My Wonderland、2017年7月24日
https://radio123.hatenablog.com/entry/20170724/1500885389

「サングラスをかけるとミスが増える？ その理由と対策は？」
Gridge https://gridge.info/articles/13845
「パットが上手い人と下手な人の決定的な違い」ゴルフ総合研究所 HM
https://www.hm-golf.com/lesson/shortgame/putting-eyes.htm

本書は幻冬舎ｐｌｕｓ（www. gentosha. jp）で連載中の「ゴルフは名言でうまくなる」に加筆・修正し再構成したものです。

著者略歴

岡上貞夫《おかがみさだお》

一九五四年生まれ。千葉県在住。
ゴルフエスプリ愛好家、フリーライター。鎌ヶ谷カントリークラブ会員。
一九七七年、慶應義塾大学法学部法律学科卒業。
大学入学時は学生運動による封鎖でキャンパスに入れず、
時間を持て余して体育会ゴルフ部に入部。ゴルフの持つかすかな狂気にハマる。
卒業後はサラリーマンになり、ほとんど練習できない月イチゴルファーだったが、
レッスン書ではなくゴルフ名言集やゴルフの歴史、
エスプリを書いたエッセイなどを好んで読んだことにより、
四十年以上シングルハンディを維持している。
そんな経験をもとに、ゴルフの持つ奥深い魅力を伝えるべく、
幻冬舎plusにてコラムを連載中。
著書に、同連載を書籍化した『ゴルフは名言でうまくなる』（幻冬舎新書）がある。

幻冬舎新書 618

90を切るゴルフの名言33

二〇二一年五月二十五日 第一刷発行

著者 岡上貞夫
発行人 志儀保博
編集人 小木田順子
編集者 小林駿介 木田明理
発行所 株式会社 幻冬舎
〒一五一―〇〇五一 東京都渋谷区千駄ヶ谷四―九―七
電話 〇三―五四一一―六二一一（編集）
〇三―五四一一―六二二二（営業）
振替 〇〇一二〇―八―七六七六四三
ブックデザイン 鈴木成一デザイン室
印刷・製本所 株式会社 光邦

Printed in Japan ISBN978-4-344-98620-6 C0295
お-28-2
幻冬舎ホームページアドレス https://www.gentosha.co.jp/
＊この本に関するご意見・ご感想をメールでお寄せいただく場合は、comment@gentosha.co.jp まで。